Upgrade French Reading

Material written by: Lawrence Briggs
Commissioning Editor: Clive Bell
Content Editor: Michael Spencer
Designer: Michael Spencer
Cover Design: Kaya-anne Cully
Illustrations by: Stuart Harrison, Stephen Lillie (page 54)
Photographs by: Photodisc (cover; page 27); Patrick Shéandell O'Carroll/PhotoAlto (page 11); Michael Spencer (page 15); Hemera (pages 21, 33, 49, 61, 67, 71); Philippe Levy (page 37)

Mary Glasgow Magazines (Scholastic Inc.) grants teachers permission to photocopy the designated photocopiable pages from this book for classroom use. No other part of this publication may be reproduced in whole or in part, or stored in a retrieval system, or transmitted in any form or by any means, electronic, mechanical, photocopying, recording or otherwise, without written permission of the publisher. For information regarding permission, write to: Mary Glasgow Magazines (Scholastic Inc.), Commonwealth House, 1 – 19 New Oxford Street, London WC1A 1NU.

© Mary Glasgow Magazines, an imprint of Scholastic Inc., 2003

All rights reserved.

Printed in the UK by Ashford Colour Press Ltd, Gosport, Hampshire

Upgrade: French Reading

Contents

		page
	Introduction: note to teachers	4
	Glossary of rubrics	5
	Cross-referencing to exam board specifications/syllabuses	6
1	Personal details and locality	8
2	Interests and hobbies	12
	Vital Vocabulary (1 and 2)	16
3	Routine, school and future plans	18
	Test yourself (1)	22
4	Out and about	24
	Vital Vocabulary (3 and 4)	28
5	Tourism and accommodation	30
6	Holiday activities and services	34
	Vital Vocabulary (5 and 6)	38
	Test yourself (2)	40
7	Home, health and fitness	42
8	Working and shopping	46
	Vital Vocabulary (7 and 8)	50
9	Leisure and entertainment	52
	Test yourself (3)	56
10	Personality and relationships	58
	Vital Vocabulary (9 and 10)	62
11	Environment, choices, responsibilities	64
12	Education, careers and plans	68
	Vital Vocabulary (11 and 12)	72
	Test yourself (4)	74
	Solutions	76

© Mary Glasgow Magazines 2003

Upgrade: French Reading

Introduction

Note to teachers

➤ *Upgrade: French Reading* is designed to enable all students to improve their reading skills and to achieve their highest possible examination grade. At both Foundation and Higher tiers, it provides clear analysis of and guidance through a wide range of texts, with tasks and tests that match closely the structure and content of those offered by the Awarding Bodies/Examination Boards. Solutions to all tasks and tests are provided on pages 76–79.

The approach is both rigorous and humorous, with the intention of reassuring students that French, though sometimes challenging, can be enjoyable and, most importantly, manageable.

Features

➤ Covering all the major themes and topics of the GCSE specifications, it consists of 12 sections, most with two Foundation pages, a Foundation/Higher page and a Higher page.

Tasks, learning skills and grammar

➤ At Foundation tier there are **Clever clues** provided by cartoon characters who ask and answer the kind of questions students themselves ask when confronted by challenging texts and/or tasks. Specifically, they give guidance on strategies, vocabulary patterns and basic grammar features.

➤ At Foundation/Higher tier **Handy hints** perform the same function, with a greater emphasis on grammatical features, whilst at Higher tier **Tips for texts** enable students to refine their Higher tier reading skills and to deepen their understanding of grammar in general.

Vocabulary

➤ Every second section is followed by **Vital Vocabulary** sheets, which support students' understanding of the basic vocabulary and idioms of the (sub-)sections. The Higher tier **Vital Vocabulary** sheets also provide specific support relating to the authentic texts on which students are tested. All of the **Vital Vocabulary** sheets suggest useful ways in which students could record and memorize vocabulary, idioms and structures.

Exam practice

➤ After every three sections there is a straight examination-style section, entitled **Test yourself**, covering the full range of grades from Foundation tier to Higher tier.

➤ Solutions are provided for teachers or students to mark the questions in the sections and the **Test yourself** sheets.

➤ Finally, there is a comprehensive glossary of rubrics provided on page 5, to ensure students will be able to understand what is required of them whatever examination syllabus they follow, and the tables on pages 6–7 cross reference all the major syllabuses/specifications.

Upgrade: French Reading

Glossary of rubrics

C C'est quel magasin? — Which shop is it?
Choisissez dans cette liste. — Choose from this list.
Choisissez la bonne lettre. — Choose the correct letter.
Choisissez les bons mots pour compléter chaque phrase. — Choose the right words to complete each sentence.
Choisissez parmi les mots dans la case. — Choose from the words in the box.
Choisissez un adjectif/restaurant pour chaque personne. — Choose an adjective/restaurant for each person.
Cochez les bonnes cases. — Tick the correct boxes.
Complétez chaque phrase avec un mot français. — Complete each sentence with a French word.
Complétez les phrases en français. — Complete the sentences in French.

D Dans un magazine français, vous lisez cet article/cette lettre. — In a French magazine you read this article/this letter.
Décrivez-les! — Describe them!

E Écrivez dans la case la bonne lettre/la lettre du mot qui correspond. — Write in the box the correct letter/the letter of the word that matches.
Écrivez dans la case la lettre de la profession/l'activité qui correspond à chaque illustration. — Write in the box the letter of the job/the activity that matches each drawing.
Écrivez dans les cases les lettres des deux adjectifs qui décrivent bien Alexis. — Write in the boxes the letters of the two adjectives that best describe Alexis.
Écrivez le prénom. — Write the (first) name.
Écrivez P (Positive), N (Négative) ou P/N (Positive et Négative). — Write P (Positive), N (Negative) or P/N (Positive and Negative).
Écrivez V (vrai), F (faux) ou ? (on ne sait pas) à côté de chaque phrase. — Write V (true) F (false) or ? (we don't know) next to each sentence.

I Identifiez les opinions de Jérôme. — Identify Jérôme's opinions.

L Lisez ces phrases. — Read these sentences.
Lisez cet article/extrait d'article/ces extraits d'une lettre. — Read this article/extract from an article/these extracts from a letter.
Lisez cette e-mail/lettre/page de publicité/ces lettres. — Read this e-mail/letter/page of advertisements/these letters.
Lisez cet extrait d'une interview publiée/d'un article publié dans un magazine français. — Read this extract from an interview published/an article published in a French magazine.
Lisez le dialogue/texte. — Read the dialogue/text.

M Mettez les images dans le même ordre que le texte. — Put the drawings in the same order as the text.

P Pour finir les phrases, choisissez parmi les expressions A à G. — To finish the sentences choose from the expressions A to G.

R Regardez ces/les images. — Look at these/the drawings.
Relisez le texte. — Read the text again.
Répondez en français aux questions. — Answer the questions in French.
Remplissez les blancs. — Fill in the gaps.

V Vous lisez cette lettre de votre correspondant. — You read this letter from your penfriend.
Vous pouvez utiliser un prénom plus d'une fois. — You can use the names more than once.

© Mary Glasgow Magazines 2003

Upgrade: French Reading

Coverage of GCSE specifications
AQA/Edexcel/OCR

AQA Themes/Modules

Theme/Module 1: My World

1A Self, Family and Friends and **1C** Home and Local Environment: pages 8, 9, 10, 11

1B Interests and Hobbies: pages 12, 13, 14, 15

1D Daily Routine and **1E** School and Future Plans: pages 18, 19, 20, 21

Theme/Module 2: Holiday Time and Travel

2A Travel, Transport and Finding the way: pages 24, 25

2B Tourism and **2C** Accommodation: pages 26, 27, 30, 31, 32, 33

2D Holiday Activities and **2E** Services: pages 34, 35, 36, 37

Theme/Module 3: Work and Lifestyle

3A Home Life and **3B** Healthy Living: pages 42, 43, 44, 45

3C Part-time Jobs and Work Experience and **3E** Shopping: pages 46, 47, 48, 49

3D Leisure: pages 52, 53, 54, 55

Theme/Module 4: The Young Person in Society

4A Character and Personal Relationships: pages 58, 59, 60, 61

4B The Environment and **4E** Social Issues, Choices and Responsibilities: pages 64, 65, 66, 67

4C Education and **4D** Careers and Future Plans: pages 68, 69, 70, 71

Edexcel topic areas

At home and abroad
- Things to see and do: pages 12, 13, 52
- Weather and climate: pages 26, 27
- Travel, transport and directions: pages 24, 25
- Holidays, tourist information and accommodation: pages 30, 31, 32, 33, 37
- Services and shopping abroad: pages 34, 35, 42, 46, 47

Education, training and employment
- School life and routine: pages 18, 19, 20, 21
- Different types of jobs: page 69
- Future plans and work experience: pages 48, 49, 68, 70, 71

House, home and daily routine
- Information about self, family and friends: pages 8, 9, 10, 11, 58, 59, 60, 61
- Helping around the house: page 43
- Food and drink: page 36, 44, 45

Media, entertainment and youth culture
- Sport, entertainment and fashion: pages 52, 53, 54, 55
- Famous personalities: pages 10, 54, 55
- Current affairs, social and environmental issues: pages 64, 65, 66

Social activities, fitness and health
- Free time (evenings, weekends, meeting people): pages 52, 53
- Hobbies, interests, sports and exercise: pages 12, 13, 14, 15
- Accidents, injuries, common ailments and health issues (smoking, drugs): pages 35, 67

OCR contexts

1 Everyday activities
  a Home life: page 20
  b School life: pages 18, 19, 21
  c Eating and drinking: pages 36, 44, 45
  d Health and fitness: page 35

2 Personal and social life
  a People – the family and new contacts: pages 8, 9, 10, 11, 58, 59, 60, 61
  b Free time: pages 12, 13, 14, 15, 52, 53, 54, 55

3 The world around us
  a The local and other areas: page 37
  b Shopping and public services: pages 34, 46, 47
  c The environment: pages 26, 27, 64, 65, 67
  d Going places: pages 24, 25

4 The world of work
  a Jobs and work experience: pages 48, 49
  b Careers and life-long learning: pages 68, 69, 70, 71

5 The international world
  b World issues, events and people: pages 10, 54, 55
  c Tourism and holidays: pages 32, 33, 34
  d Tourist and holiday accommodation: pages 30, 31

© Mary Glasgow Magazines 2003

Upgrade: French Reading

Coverage of GCSE specifications
WJEC/CCEA/Standard Grade

WJEC topics

Topic A
b: Home life and school
  (i) Home life: pages 20, 43
  (ii) School: pages 18, 19, 21
c: Food, health and fitness
  (i) Food: page 36
  (ii) Health and fitness: page 35

Topic B
a: Self, family and personal relationships: pages 8, 9, 10, 11, 52, 53, 58, 59, 60, 61
b: Free time and social activities: pages 34, 46, 47
c: Holidays and special occasions: pages 24, 25

Topic C
b: Natural and made environment: pages 26, 27

Topic D
a: Further education and training: page 19
b: Careers and employment: pages 32, 48, 49, 68, 69, 70, 71

Topic E
a: Tourism at home and abroad: pages 30, 31, 32, 33
b: Life in other countries and communities: page 37
c: World events and issues: pages 64, 65, 66

CCEA topics

1 Everyday Activities
  (a) Home and school life: pages 18, 19, 20, 21, 43
  (b) Food and drink: pages 44, 45
  (c) Shopping: pages 46, 47
  (d) Eating out: page 36

2 Personal Life and Social Relationships
  (a) Self, family and friends: pages 8, 9, 10, 11
  (b) Health: page 35
  (c) Leisure activities: pages 12, 13, 14, 15, 52, 53, 54, 55

3 The World Around Us
  (b) Town and countryside: page 24
  (c) Getting around: pages 24, 25
  (d) Weather: pages 26, 27

4 The World of Work
  (b) Occupations and places of work: pages 32, 48, 49
  (c) Future plans and careers: pages 68, 69, 70, 71

5 The International World
  (a) Travel and Tourism: pages 30, 31, 32, 33
  (b) Life in countries or communities in which the target language is spoken: page 37
  (c) Caring for the environment: pages 64, 65, 66

Standard Grade topics and topic development

Basic topics

- Name, age, domicile, nationality, cardinal points: pages 8, 9, 10, 11
- Members of family, friends, physical and character description, problems and relationships: pages 11, 58, 59, 60, 61
- Parts of body, illness/accidents: page 35
- Routine: page 20
- School subjects, time, education system: pages 18, 19, 21
- Leisure, sports, healthy eating, drugs, TV, film: pages 12, 13, 14, 15, 44, 45, 52, 53, 54, 55, 67
- Foods/drinks: pages 42, 44, 45
- Snack food, restaurants: page 36
- Simple directions: page 24
- Buildings, tourist information, helping the environment: pages 24, 30, 34, 37, 64, 65, 66
- Simple transactions, jobs/work and study, work experience, future employment: pages 32, 46, 47, 48, 49, 68, 69, 70, 71
- Travel information, travel plans: pages 24, 25, 33
- Weather, future and past holidays: pages 26, 27, 31, 32, 33

© Mary Glasgow Magazines 2003

Upgrade: French Reading

Personal details and locality
◆ **Foundation (1)**

1 You read these e-mail messages from French school students on an electronic notice board on the Web.

> Je suis un garçon de quatorze ans. Je suis grand et j'ai les yeux bleus. J'ai deux sœurs. J'adore le sport.
> Contactez-moi, les amis!
> Jérôme

> Salut, c'est moi, Josette! J'ai quinze ans. J'habite à Nantes au centre-ville. J'ai deux sœurs et un frère. J'ai les yeux gris et les cheveux blonds.
> Écrivez-moi!
> Josette

> Bonjour, les gars! Ça va?
> J'ai quatorze ans et j'habite à Nantes dans l'ouest de la France. J'adore ma ville. J'ai deux frères et une sœur. Je suis de taille moyenne et j'ai les yeux bleus.
> Énora

All these French kids writing to me! Cool!

▼ Answer the questions in English. (6 marks)

Example: Who likes sport? _____ *Jérôme*

a Who loves living in Nantes? _____
b Who has two sisters and is 15? _____
c Who has two brothers? _____
d Who has grey eyes? _____
e Who is tall and has blue eyes? _____
f Who is of average height? _____

2 Read this advertisement for penfriends and complete the grid **in French**. (5 marks)

> *Jeune fille de 15 ans, sportive, cheveux courts et blonds, recherche correspondant ou correspondante âgés entre 15 et 18 ans.*
> *Nathalie, Bordeaux*

Nom de la fille:	
Âge de la fille:	
Couleur des cheveux:	
Nom de sa ville:	
Âge minimum des correspondants:	

I've got long blonde hair, too!

Clever clues

➤ Look at the 'scene setters' for help: e-mails from students, advert for penfriends.
➤ Expect: personal details, age, descriptions, etc.
➤ Look out for English equivalents: **adore** (qu. 1), **sportive** (qu. 2), **couleur**, **âge**, **minimum**, **correspondant** (qu. 2 grid), etc.
➤ Watch out for more than one person with the same details – **yeux bleus**, **deux sœurs** – and look for other details that help you to choose the right one.
➤ If in doubt, remember the *Vital Vocabulary* for key words (see worksheet 16).

Upgrade: French Reading

Personal details and locality
◆ **Foundation (2)**

▼ Regardez les images.

▼ Écrivez dans la case la lettre de la profession qui correspond à chaque phrase. (7 marks)

Exemple: Je voudrais être professeur. **E**

1 Mon frère est chauffeur de poids lourds.
2 Ma mère est secrétaire.
3 Mon père est facteur.
4 Ma tante veut être infirmière.
5 Ta sœur est caissière?
6 Elle est vendeuse.
7 Il est garçon de café.

Chauffeur? That's a bit posh, isn't it?

It's 'driver', not 'chauffeur'!

Clever clues

➤ Ignore personal pronouns (**je**, **il**, etc.) and verbs (**est**, **devient**, qus. 1–7).
➤ Spot the key word in the instruction: **profession**, meaning …?
➤ If you're stuck, look for a pattern in the visuals. They're all about …?
➤ Don't forget to look for words that are familiar or like English: **secrétaire** (qu. 2) is like …?
➤ If you're still not sure, use the *Vital Vocabulary* (worksheet 16).

Name/Group:

© Mary Glasgow Magazines 2003

9

Upgrade: French Reading

Personal details and locality
◆◆ Foundation/Higher

▼ Lisez le texte.

PROFIL DE STAR: GUILLAUME CANET

Je m'appelle Guillaume Canet. J'ai vingt-sept ans et mon anniversaire, c'est le dix avril. En ce moment, j'habite à Paris.

J'adore ma profession – je suis acteur et réalisateur. Je joue dans beaucoup de films, par exemple 'La Fidélité' et 'La Plage' avec Virginie Ledoyen, et j'ai gagné le Prix Jean Gabin et le Prix Rémy Julienne.

Je suis sportif – comme sports, je préfère la boxe, le moto-cross et le tennis, et mon animal préféré, c'est le cheval.

Mais ma vraie passion, c'est le cinéma.

Tell me about your film career.

▼ Complétez chaque phrase avec un mot français. Choisissez dans la liste et écrivez la bonne lettre dans la case. (8 marks)

A	deux
B	joué
C	s'appelle
D	adore
E	équitation
F	né
G	fait
H	métier
I	sportive
J	sportif

1 La star ☐ Guillaume Canet.
2 Il est ☐ le 10 avril.
3 Il adore son ☐.
4 Il a ☐ dans deux films avec Virginie Ledoyen.
5 Il a gagné ☐ prix du cinéma.
6 Il est ☐.
7 Il fait de la boxe, du moto-cross et de l'☐.
8 Il ☐ le cinéma.

☞ Handy hints

➤ Work it out from the title: Guillaume Canet must be a …?
And this text is a … of Guillaume Canet.

➤ He'll probably talk about his …, and his … of birth, where he …, what he does for a … and in his spare … .
Predictable!

➤ Use your grammar knowledge to plug those gaps:

né (option F) is a past participle of an '**être**' verb, so …?

Will **son** (qu. 3) be followed by a masculine or feminine noun?

Il est … will probably be followed by an adjective – masculine or feminine?

If the definite article is **l'**, the noun that follows it begins with an **h** or a …?

Nouns ending in **-ion** (**profession**, line 3 of text, **équitation**, option E) are always …?

➤ If all else fails, remember the *Vital Vocabulary* on worksheet 16.

10 © Mary Glasgow Magazines 2003   Name/ Group:

Upgrade: French Reading

Personal details and locality

◆ ◆ ◆ **Higher**

▼ Lisez le texte.

Mes frères et moi: Rémi, 15 ans

Je suis le plus jeune d'une famille de trois enfants. Mes deux frères sont plus âgés que moi. Ils me considèrent un peu comme le bébé de la famille.

Je ne m'entends pas très bien avec Robert, l'aîné; nous avons des intérêts différents. Il habite dans son propre appartement et il travaille. Je suis au collège pendant la semaine et je sors avec mes amis le week-end. Bref, on ne se voit pas beaucoup; on ne se parle pas beaucoup non plus.

Je m'entends mieux avec mon autre frère, Daniel. On passe beaucoup plus de temps ensemble. Entre nous, c'est un peu la compétition, surtout pour les résultats scolaires. Son défaut, c'est qu'il est très mauvais joueur. Lorsqu'on fait du sport, il lui arrive même de tricher. Évidemment, il ne l'avoue pas!

Tips for texts

➤ Try scanning the text for key phrases that might tell you what the author of the article is thinking or emphasizing:
- **plus âgés que moi** tells you his brothers are …?
- **intérêts différents** suggests they are interested in …?
- **on ne se parle pas beaucoup** tells you he and his elder brother don't …?

➤ Use grammar clues:
- (near-)cognates: words identical or similar to English, such as **bébé**, **intérêts**, **bref** (brief(ly)/in short), **caractère**.

➤ Remember: some adjectives have two meanings – **propre** means 'own' if it comes before the noun and …? if it follows the noun.

➤ Pronouns: the words for 'me', 'him', 'it', etc. often come before the verb, so:
- **ils me considèrent** = they consider …?
- **il ne l'avoue pas** = he doesn't admit …?

➤ **On** can mean 'one', but it often means 'we' and is frequently used with a reflexive verb:
- **on ne se voit pas** = we don't … each other
- **on ne se parle pas** = we don't … to each other

1 Écrivez **V** (vrai), **F** (faux), ou **?** (on ne sait pas) à côté de chaque phrase. (5 marks)

a Les frères de Rémi sont plus jeunes que lui.

b Rémi n'aime pas tellement son frère aîné.

c Son frère aîné sort le week-end.

d Rémi préfère son autre frère.

e Rémi aime tricher, surtout au sport.

2 Now answer the following questions in **English**.

a Which brother has his own flat? _____ (1 mark)

b How often does Rémi see and speak to him? _____ (1 mark)

c What does Rémi say about his relationship with Daniel?

_____

_____ (2 marks)

d What does Rémi consider to be this brother's main fault? _____ (1 mark)

Hmm? His own flat or his clean flat? What do you reckon?

Well, what do you think?

Name/Group:

© Mary Glasgow Magazines 2003

Upgrade: French Reading

Interests and hobbies
◆ **Foundation (1)**

Okay, got any good advice?

▼ You are on holiday in France at a **sports** and **activities** centre.

1

AOÛT 2003
stages d'équitation

1 What sort of **courses** are on offer?
_____ (1 mark)

2

SAMEDI 3 AOÛT
Concours de pêche

2 What kind of **competition** is this?
_____ (1 mark)

3

Piscine

Patinoire

Terrains de tennis

3 Name the three places these signs send you to.
_____
_____
_____ (3 marks)

Clever clues

Don't panic! Use the clues.

➤ Think 'sports and activities'.
➤ The questions help:
  stages (qu. 1) must be 'courses';
  concours (qu. 2) must be 'competition'.
➤ Any words like English?
  There's **tennis** (qu. 3) … so, a place for tennis … must be 'courts'.
➤ Remember your sports vocabulary?
  Je fais de l'équitation (qu. 1) means …?
  Je vais à la pêche (qu. 2) means …?
  Je vais à la patinoire (qu. 3) means …?
  Je vais à la piscine (qu. 3) means …?
  If you're still not sure, use *Vital Vocabulary* worksheet 16 and learn the key words there.

© Mary Glasgow Magazines 2003

Name/
Group:

Upgrade: French Reading

Interests and hobbies
◆ **Foundation (2)**

There isn't any English. Any more clever clues?

▼ Regardez les images.

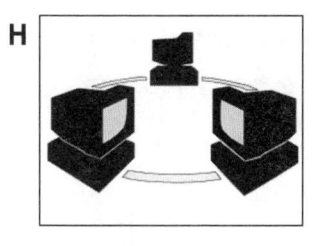

| A | B | C | D |
| E | F | G | H |

▼ Écrivez dans la case la lettre de l'**activité** qui correspond à chaque image. (5 marks)

Exemple:

Promenades en **forêt** — **D**

1 Stages d'ordinateur

2 Stages **audio-visuels**: vidéos, disques compacts, bandes dessinées

3 Concours de gymnastique

4 Atelier: **théâtre**

5 Randonnées en vélo

Plenty!

Clever clues

➤ Don't worry about words you don't know – you probably don't need them.

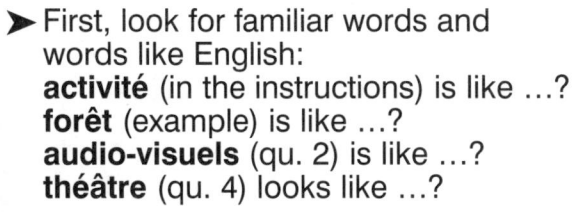

➤ First, look for familiar words and words like English:
activité (in the instructions) is like …?
forêt (example) is like …?
audio-visuels (qu. 2) is like …?
théâtre (qu. 4) looks like …?

➤ Scan for key words:
vélo (qu. 5), **ordinateur** (qu. 1).

➤ Remember: If you're still not sure, use *Vital Vocabulary* worksheet 16 and learn the key words there.

Clever! Another 5 marks! What's next?

Name/Group:

Upgrade: French Reading

Interests and hobbies

◆◆ **Foundation/Higher**

Hmm, no pictures, no clues, just text. Any ideas?

▼ Lisez le texte.

> Je n'aime pas rester à la maison le week-end. J'aime aller en ville. Le samedi, j'ai rendez-vous avec mes copains. On se retrouve à midi au centre commercial, puis on va voir le match au stade … ou bien, on va à la piscine. J'adore la natation. Ensuite, on mange une glace et on va au cinéma.
>
> Et le dimanche? C'est très simple – je me repose et je regarde la télévision.

▼ Complétez chaque phrase avec un mot français. Choisissez dans la liste. (8 marks)

1 Il préfère _____ le week-end.
2 Il a rendez-vous avec _____ copains.
3 Ils _____ retrouvent au centre commercial.
4 Après, ils _____ voir le match au stade.
5 Sinon, ils vont à la _____.
6 Il adore _____.
7 Enfin, ils _____ une glace et vont au cinéma.
8 Le dimanche, il ne _____ pas grand-chose.

vont	fait
mangent	piscine
font	rester
sortir	se
nager	ses

👉 Handy hints

Relax! Here are some handy hints …

➤ Ask yourself some easy questions:

Who? **copains** (line 2)
When? **samedi** (line 2), **dimanche** (line 6), **week-end** (line 1), **midi** (line 3)
Where? **en ville** (lines 1–2)
What? **match** (line 3), **natation** (line 4), **glace, cinéma** (line 5), **télévision** (line 7)

➤ Any grammar clues?

Il préfère (qu. 1) must be followed by a noun or an infinitive (e.g. to stay, to go, to …), so …?

If **je** leads to **mes**, **il** leads to …?

On va (line 4) is third person singular, so third person plural is **ils** …?

La (qu. 5) is followed by a feminine noun, so it must be …?

➤ Stuck on some vocabulary?

Check out some words on *Vital Vocabulary* worksheet 16.

8 marks this time! Bravo!

Upgrade: French Reading

Interests and hobbies
◆◆◆ Higher

1 Lisez le texte.

Les lycées sport-études

À travers la France, beaucoup de collèges et lycées proposent des sections sport-études. Les emplois du temps sont chargés, mais des milliers de jeunes ont ainsi une chance de devenir un jour de grands sportifs.

Sections

Il existe des sections sport-études pour tous les grands sports. Pour être admis, un élève doit non seulement avoir des qualités sportives, mais aussi un bon dossier scolaire. Certaines sections sport-études commencent en sixième, d'autres au lycée seulement. Elles peuvent être mixtes ou réservées soit aux filles, soit aux garçons. Mais dans tous les cas, les élèves doivent suivre exactement le même programme scolaire que le reste des élèves de leur âge.

Tips for texts

- What information do you get from the **photo**, **title** and **questions**?
- Now you have the **context**, try to predict the kind of thing the text might include about **sports**, **sailing** and **school**.
- Use grammar clues:
  - **-é** words (**qualité**) often = -y words in English.
  - What tense(s) would you expect? **Present tense**? Try to spot examples.
  - See any **modal verbs**? Look for the **infinitives** that follow them.

Remember these tips!

▼ Écrivez **V** (vrai), **F** (faux) ou **?** (on ne sait pas) à côté de chaque phrase. (5 marks)

Exemple: Il y a beaucoup de sections sport-études dans le nord. **?**

a Les sections sport-études sont pour tous les élèves.

b Sans un bon dossier scolaire, on n'a pas le droit de faire sport-études.

c La plupart des sections sport-études commencent à partir de l'âge de 11–12 ans.

d Non seulement les garçons, mais aussi les filles y sont admis.

e Ces élèves ont un programme scolaire différent des autres élèves.

2 Lisez le texte.

Ève

J'ai seize ans et je fais partie d'une section sport-études de voile en Bretagne. Ma passion, c'est la planche à voile, mais on s'entraîne aussi avec des catamarans. On fait même du surf, mais c'est assez rare.

Grâce à notre entraînement de haut niveau, je suis déjà bien classée dans les compétitions juniors, et j'espère un jour devenir Championne de France!

Quant aux problèmes, je dois avouer que c'est parfois difficile physiquement. La planche à voile demande beaucoup d'effort physique et après une bonne douche, on a souvent beaucoup plus envie d'aller se coucher que de faire ses devoirs!

▼ Complétez les phrases **en français**. (5 marks)

Exemple: Ève fait la section sport-études dans un lycée dans le nord-ouest **de la France**.

a Son sport préféré, c'est _____.

b Quand il y a de grosses vagues, elle peut faire du _____, mais c'est rare.

c Elle espère un jour _____ le championnat de France.

d Elle trouve le côté physique plus _____.

e Elle n'a pas toujours envie de faire ses devoirs parce qu'elle se sent trop _____.

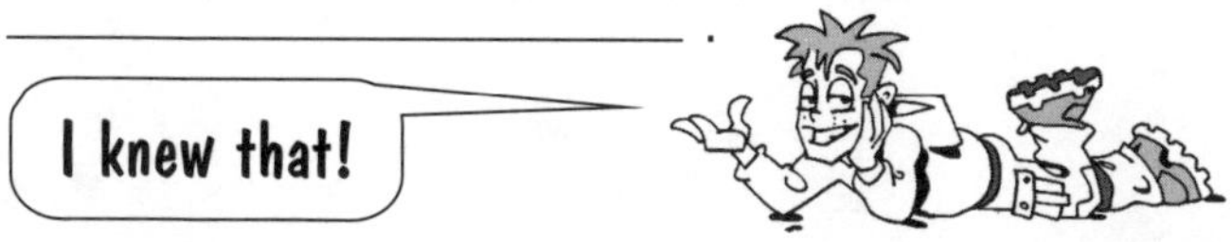

I knew that!

© Mary Glasgow Magazines 2003   15

Upgrade: French Reading

Vital Vocabulary

Personal details and locality
◆ Foundation and ◆◆ Foundation/Higher (worksheets 8–10)

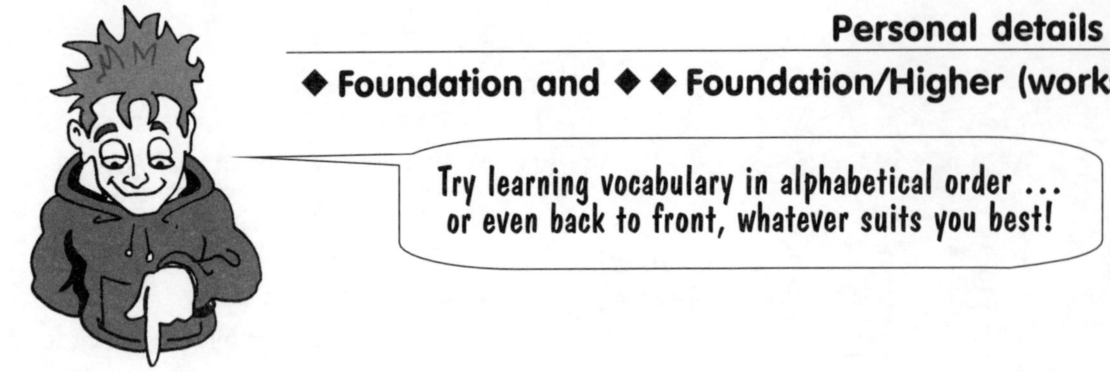

Try learning vocabulary in alphabetical order ... or even back to front, whatever suits you best!

Nouns

Masculine		Feminine	
appartement	flat, apartment	(bonne) année	(Happy New) year
chauffeur de poids lourds	HGV driver	barbe	beard
coiffeur	hairdresser	bienvenue	welcome
(demi-)frère	(half/step) brother	caissière	cashier, checkout girl
facteur	postman	coiffeuse	hairdresser
grand-père	grandfather	(demi-)sœur	(half/step) sister
médecin	doctor	grand-mère	grandmother
prénom	first name	profession	profession, job
prix	prize; price	rue	road, street
réalisateur	film director	sortie	exit
voisin	neighbour	taille (moyenne)	(average) height
vendeur	sales assistant	voisine	neighbour
		vendeuse	sales assistant

Useful verbs and expressions

en ce moment	at the moment
être au chômage	to be unemployed
gagner un prix	to win a prize
jouer dans un film	to play a rôle in a film
travailler comme	to work as

Interests and hobbies
◆ Foundation and ◆◆ Foundation/Higher (worksheets 12–14)

Nouns

Masculine		Feminine	
atelier	workshop	bande dessinée	comic strip
concours	competition	boum	teenage party
centre commercial	shopping centre	carte	card
cyclisme	cycling	équipe	team
jeu vidéo	video game	équitation	horse riding
orchestre	orchestra, band	lecture	reading
ordinateur	computer	natation	swimming
passe-temps	hobby	patinoire	ice rink
stade	stadium	pêche	fishing
stage	course	piscine	swimming pool
terrain	pitch, court	promenade	walk
vélo	bike	randonnée	walk, ramble

Useful verbs and expressions

aller à la pêche	to go fishing
écouter de la musique	to listen to music
faire du théâtre	to do/perform theatre/plays
faire du vélo	to cycle
jouer **au** hockey	to play hockey
jouer **du** piano	to play the piano

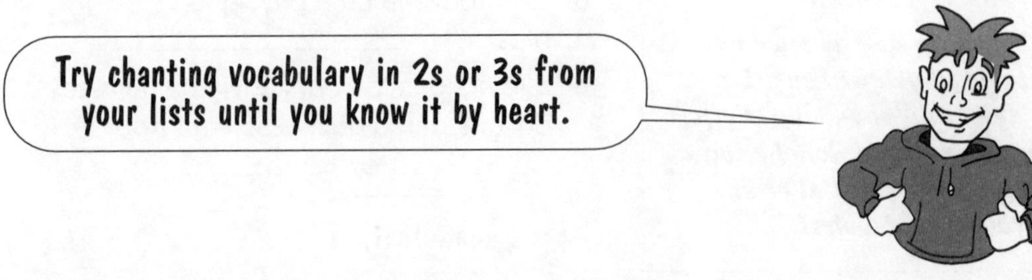

Try chanting vocabulary in 2s or 3s from your lists until you know it by heart.

16 © Mary Glasgow Magazines 2003

Name/Group:

Upgrade: French Reading

Vital Vocabulary

Personal details and locality
◆◆◆ Higher (worksheet 11)

Try learning vocabulary in short bursts – then test yourself ...

Nouns

Masculine		Feminine	
aîné	older, eldest	compétition	competition
défaut	(personal) fault	préoccupation	preoccupation, interest
		note	mark, grade in school

Adjectives

(plus) âgé	old(er)
autre	other
(le plus) jeune	(the) young(est)
propre	(before the noun) own
son propre appartement	= his/her own flat
propre	(after the noun) clean
son appartement propre	= his/her clean flat

... or ask a friend to test you.

Useful verbs and expressions

entre nous	between us/ourselves
évidemment	obviously
Il lui arrive même ...	He even manages ...
... de tricher	... to cheat
Il ne l'avoue pas!	He doesn't admit it!
lorsque (= quand)	when
s'entendre bien avec	to get on well with
tout simplement	quite simply

Interests and hobbies
◆◆◆ Higher (worksheet 15)

Nouns

Masculine		Feminine	
cas	case	planche à voile	windsurfing
dossier scolaire	school record	possibilité	possibility
emploi du temps	timetable	qualité	quality
entraînement	training	vague	wave (in the sea)
lycée	6th form college, grammar school	vedette	star (famous person)
(des) milliers	thousands		
niveau	level		
roman	novel, story		

Adjectives

admis	admitted, allowed to enter
classé	ranked
chargé	heavy
mixte	mixed sex

Try learning vocabulary like this: read it, cover it, say it, uncover and check it.

Useful verbs and expressions

devenir un sportif	to become a sports person
grâce à	thanks to
il existe	there exists, there are
non seulement ..., mais aussi	not only ... but also
on a envie	you/one want/s
On se retrouve où?	Where shall we meet?
proposer	to offer
quant aux problèmes	as for the problems
Si on allait au concert?	Shall we go to the concert?
soit ... soit	either ... or
Tu as envie de sortir?	Do you want to go out?

Name/Group:

© Mary Glasgow Magazines 2003   17

Upgrade: French Reading

Routine, school and future plans
◆ **Foundation (1)**

▼ During a visit to a school in France you see these signs, notices and written messages in various areas of the school.

1
> Accueil
> Salle d'informatique
> Centre sportif ⇨

1 Name the two other areas of the school that are near the reception/offices.

_____
_____ (2 marks)

2
> Centre de Documentation
> et d'Information
> Bibliothèque

2 Which area of the school is this?

_____ (1 mark)

3
> SILENCE!
> Épreuve en cours

3 What's happening in this room?

_____ (1 mark)

4

9h50	allemand
10h45	récréation
11h05	histoire-géo
12h00	déjeuner

4 a What lesson is at 9.50?

_____

b What happens at 10.45?

_____

c What lesson is just before dinner?

_____ (3 marks)

5
> Cantine:
> menu de
> la semaine
>
> soupe de poisson
> ----------------
> rôti de porc
> ----------------
> yaourt ou fruit

5 What's for school dinner today?

_____
_____
_____ (3 marks)

I wish we had school dinners like that!

You should try a dog's dinner!

Well, here's some food for thought ...

Clever clues

➤ Think about information signs and notices you might expect in schools.

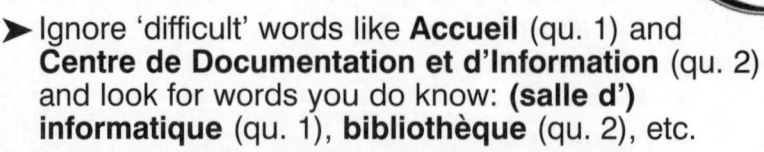

➤ Ignore 'difficult' words like **Accueil** (qu. 1) and **Centre de Documentation et d'Information** (qu. 2) and look for words you do know: **(salle d') informatique** (qu. 1), **bibliothèque** (qu. 2), etc.

➤ Be logical: when do you see notices marked **Silence** (qu. 3)? **Épreuve** must mean …?

➤ Use your English knowledge to work out the meaning of other words:
on a menu, **soupe** (qu. 5) is obviously …?
rôti de porc (qu. 5) could be …?
yaourt (qu. 5) looks/sounds like …?

➤ As always, remember the *Vital Vocabulary* (worksheet 28) for key words.

© Mary Glasgow Magazines 2003

Name/Group:

Upgrade: French Reading

Routine, school and future plans
◆ Foundation (2)

▼ Regardez ces images.

▼ Écrivez dans la case la lettre de l'image qui correspond à chaque phrase. (6 marks)

Exemple: Comme matière, je préfère l'art dramatique.

1. Mon prof de dessin est génial.
2. Tu ne trouves pas l'instruction civique ennuyeuse?
3. Zut! J'ai trois heures de français aujourd'hui!
4. J'ai un très mauvais prof de musique.
5. Tu n'aimes pas l'EPS? Mais tu es sportif!
6. J'aime bien l'instruction religieuse.

B

EPS? Easy – Éducation Physique et Sportive.

Look at the words as well, not just the drawings and symbols …

Clever clues

➤ Look at the pictures to see any obvious link: art, sport, music, French – it must be about …?
➤ Pick out words close to the English: **art dramatique** (example), **musique** (qu. 4), **(instruction) religieuse** (qu. 6), …
➤ If you get stuck on words like **EPS** (qu. 5), look for other clues, such as **sportif**.
➤ See how well you remembered: use the *Vital Vocabulary* on worksheet 28.

Name/Group:

© Mary Glasgow Magazines 2003

Upgrade: French Reading

Routine, school and future plans
◆◆ Foundation/Higher

▼ Lisez le texte.

Salut!

Pendant la semaine, je me lève de bonne heure — normalement vers 7 heures. Je prends le petit déjeuner tout de suite, mais je ne mange pas grand-chose, peut-être des toasts ou une tartine. Je bois un bol de chocolat ou un jus de fruit — je ne prends jamais de café. Ensuite, je fais ma toilette. Puis je quitte la maison à 7h45 pour prendre le bus. Il y a un bus de ramassage scolaire à 7h50, devant la mairie.

J'arrive au collège à 8h25. Les cours commencent à 8h30.

Je rentre à la maison vers 18 heures. Je trouve ça long, comme journée scolaire, pas toi?

Je me couche toujours avant 10 heures.

Et le week-end? Je dors, bien sûr!

Écris-moi vite!

▼ Complétez les phrases: écrivez dans la case la lettre du mot qui correspond. (8 marks)

1 Je me lève ☐ les jours de la semaine.
2 C'est-à-dire à sept heures ☐.
3 Pour le petit déjeuner, je mange ☐.
4 Comme boisson, je ☐ du chocolat chaud ou un jus de fruit.
5 Je ☐ le café.
6 J' ☐ cours à partir de huit heures et demie.
7 ☐, je rentre à six heures du soir.
8 Le soir et le week-end, je me ☐.

A prends	G ai
B peu	H déteste
C tôt	I d'habitude
D mange	J repose
E environ	K réveille
F beaucoup	L exactement

Okay, what do we look for this time?

👉 Handy hints

➤ No titles, pictures or other obvious clues, so look for patterns:
  • **je me lève** (line 2), **je me couche** (3 lines from end) are what type of verbs?
  So this could be about …?

➤ Any time markers?
  • **pendant la semaine** (line 2) means …?
  • **vers 7 heures** (line 3) is …?
  • **tout de suite** (line 4) and **ensuite** (line 9) mean … and …?

➤ So, there are lots of times: it's probably about someone's routine.

➤ Watch out for synonyms:
  • **de bonne heure** (lines 2–3) and **tôt** (C) both mean …?
  • **prendre** is often used for 'taking food and drink', so **prends** (A) could replace …?

➤ Use your grammar knowledge to match the words (A–L) with the gapped sentences:
  • the gaps in **1** and **2** are both to do with time? food? drink? transport?
  • numbers **3–5** focus on what/when the author eats? drinks?
  • **je** and **j'** (qus 4–6) are personal pronouns, so they'll probably be followed by a …?

➤ If in doubt, you know where to look: *Vital Vocabulary* (worksheet 28).

What do you mean, we?

20   © Mary Glasgow Magazines 2003   Name/Group:

Upgrade: French Reading

Routine, school and future plans
◆◆◆ Higher

▼ Lisez le texte.

Avis du mois : Jérôme et l'école

● **La journée scolaire**
À mon avis, par rapport à la journée scolaire de la plupart des pays européens, on n'a pas de chance: on est obligés de se lever tôt et de travailler tard. En Allemagne, par exemple, on n'a pas cours l'après-midi, tandis que nous restons au collège jusqu'à 17 heures.

● **L'uniforme**
En gros, je n'ai rien contre les uniformes. Mais je trouve qu'il vaut mieux permettre aux élèves de s'habiller comme ils veulent. Après tout, la façon dont on s'habille fait partie de sa personnalité, non?

● **Les devoirs**
Les devoirs sont, bien sûr, tout à fait nécessaires, si on veut faire des progrès dans ses études. On ne peut pas tout faire pendant les heures de cours, ce qui me pose un problème, en vue de la journée scolaire. Et la vie personnelle? J'aimerais bien avoir quelques week-ends libres aussi, mais avec tous ces devoirs, pas question!

● **Les examens**
Même à l'âge de 11 ans, on doit subir des contrôles dans toutes les matières. Il y en a qui disent que c'est trop, mais pas moi. À mon avis, il faut s'entraîner et se préparer aussi bien que possible pour les épreuves de toutes sortes.

● **L'avenir**
J'ai intérêt à réussir à mes examens, sinon mes parents seront fâchés, car il n'y a rien de plus important pour eux. J'aimerais bien continuer mes études au lycée et puis à l'université, peut-être. En fait, je trouve que l'éducation est une bonne chose.

▼ Identifiez les opinions de Jérôme. Écrivez **P** (positive), **N** (négative) ou **P/N** (positive et négative).

1 la journée scolaire
2 l'uniforme scolaire
3 les devoirs
4 les examens
5 son avenir
6 l'éducation en général   (6 marks)

Now someone's sounding off about school! Time for my récréation ...

➤ Read the title and the questions first to get the gist of what you need to look for:
• could **avis** mean the same as …?… in the instruction? So perhaps we're talking about Jérôme's views?

➤ Take advantage of the layout: you can refer to a separate section for each question/answer (plus one extra question at the end).

➤ Look for expressions that deal with opinions:
• **à mon avis** and **je trouve que** mean …? And what about **pas moi**?

➤ Any grammar clues?
• (near-)cognates: words identical or similar to English, such as **obligés**, **personnalité**, **contrôles**, **progrès**, **attache** mean …?

➤ **-é** or **-ê** in a word sometimes denotes a missing **-s** (**études**, **intérêt**).

➤ Remember: **on** can mean 'one', but it often means 'we' or 'you' or even 'they':
• **on ne peut pas tout faire** means 'we/you can't …'?

Tips for texts

| Name/Group: | © Mary Glasgow Magazines 2003 | 21 |

Upgrade: French Reading

Test yourself (1)
◆ Foundation
◆◆ Foundation/Higher

Section A
Questions and answers in English

▼ Read these signs, notices and e-mail messages about school and answer the questions in **English**.

1 Salle d'informatique
Bibliothèque

1 Which two rooms in the school does this sign mention?
_____
_____ (2 marks)

2 Défense d'entrer! Épreuve en cours

2 Why can't you enter this room?
_____ (1 mark)

3 Mon prof d'art dramatique est génial!
Philippe

3 Which teacher does Philippe think is great?
_____ (1 mark)

4 Ma matière préférée est l'EPS. Je suis très sportive!
Amélie

4 What is Amélie's favourite subject?
_____ (1 mark)

Section B
Questions et réponses en français

▼ Regardez les images.

▼ Écrivez dans la case la lettre de l'activité qui correspond à chaque phrase. (5 marks)

Exemple: Piscine: 500m — **H**

1 Patinoire: directement à gauche ☐

2 Terrains de tennis: ouverts de 09h00 à 20h00 ☐

3 Stages d'équitation: en août ☐

4 Centre sportif: fermé ☐

5 Concours de pêche: tout droit ☐

Upgrade: French Reading

Test yourself (1)

◆ ◆ ◆ **Higher**

1 Lisez le texte.

---
message

Salut à tous!

Ma copine Joëlle et moi cherchons des correspondants anglais, alors n'hésitez pas à nous répondre tout de suite!

Joëlle est fille unique et elle habite comme moi à Nantes, dans l'ouest de la France. Elle a 16 ans et elle est grande et mince. En fait, elle est très sportive et très drôle. On aime sortir toutes les deux, surtout le week-end.

Moi, j'ai 15 ans, et j'ai un frère aîné, Alex, qui n'habite plus chez nous, et une sœur cadette, Nathalie, qui a 13 ans. On habite un appartement moderne au centre-ville. Je suis de taille moyenne et j'ai les yeux verts et les cheveux blonds et longs.

Cet été, nous allons passer quelques jours à Londres, alors, si vous habitez dans le sud-est de l'Angleterre, c'est bien pour nous!

À bientôt, les copains!

Amélie

▼ Complétez les phrases: écrivez dans la case la lettre du mot qui correspond. (6 marks)

Exemple: Elle [B] Amélie.

1 Amélie et Joëlle [ ] des correspondants.

2 La ville [ ] elles habitent se trouve dans l'ouest.

3 Comme loisirs, elles [ ] sortir ensemble le week-end.

4 Joëlle aime faire du [ ] aussi.

5 Le frère d'Amélie a déjà [ ] la maison de ses parents.

6 Pendant les grandes vacances les deux filles [ ] dans la capitale de l'Angleterre.

A quitté	E seront	I travail
B s'appelle	F où	J préfèrent
C aimaient	G sport	
D sont	H cherchent	

2 Lisez le texte.

Paris et la province: deux mondes à part

Contrairement à Paris, les provinces bénéficient d'une grande variété géographique et climatique, et chacun peut y trouver son compte selon ses loisirs. Pour les passionnés de surf et de planche à voile, l'ouest de la France est l'endroit idéal, avec les stations balnéaires* telles que Biarritz ou les sables d'Olonne où les vagues sont toujours au rendez-vous. Si le ski est votre sport préféré, c'est dans les Pyrénées ou dans les Alpes que vous trouverez votre bonheur.

Les universités françaises ont également tendance à se décentraliser, et Paris n'est plus la seule alternative pour poursuivre des études qui sortent de l'ordinaire.

À Nantes, ville de Bretagne, il y a l'École des arts filmiques, où sont enseignés les métiers du cinéma, et à Saumur, dans la vallée de la Loire, se trouve l'École Nationale d'Équitation, autrement appelée le Cadre Noir, qui est la seule école en France pour cette discipline.

---

* seaside resorts

▼ Répondez en français aux questions.

Exemple: En quoi sont les provinces plus variées que Paris?
__En leurs variétés géographiques et climatiques.__

a Où vaut-il mieux pratiquer les sports nautiques? _____ (1)

b Pourquoi les amateurs de sports d'hiver seraient-ils contents dans les provinces de France? _____ (1)

c Où est-ce qu'on pourrait faire ses études, si on voulait devenir réalisateur? _____ (1)

d Selon l'article, quelles études ne peut-on pas poursuivre à Paris? _____ (1)

Name/Group:

© Mary Glasgow Magazines 2003   23

Upgrade: French Reading

Out and about
◆ Foundation (1)

▼ Whilst travelling about in France you come across the following:

1 AUTOROUTE A10

1 What type of road are you on here?
_____ (1 mark)

2 Station-service
100 mètres à gauche

2 What place does this send you to?
_____ (1 mark)

Which way do you need to turn?
_____ (1 mark)

3 La gare routière, s'il vous plaît?

3 Where does this passer-by want to go?
_____ (1 mark)

4 GARE SNCF
à droite après
le rond-point

4 What place does this send you to?
_____ (1 mark)

Where exactly is it?
_____
_____ (2 marks)

5 COMPOSTEZ VOTRE BILLET!

5 What are you supposed to put into this machine?
_____ (1 mark)

What?! Compost my ticket?!

Clever clues

➤ Travelling: think traffic information, signs, directions, etc.

➤ Use the information revealed by the questions:
autoroute (text 1) is a type of road.

➤ Do what the questions ask:
'Where <u>exactly</u> is it?' (qu. 4). Give full details: two marks, so <u>two</u> pieces of information.

➤ Be logical: **gare** appears twice, so if **gare routière** (text 3) is the bus station, what other kind of station might there be?
Gare SNCF (text 4) must mean it's the …?

➤ What do you sometimes have to do yourself with your ticket in France?
So **compostez** (text 5) probably means …?

© Mary Glasgow Magazines 2003   Name/Group:

Upgrade: French Reading

Out and about
◆ **Foundation (2)**

▼ Regardez ces images.

A Défense de fumer

B Renseignements

C Départs

D Kiosque

E Sortie ⇨

F Guichets

G Consigne automatique

H Salle d'attente

I Buffet

▼ Écrivez dans la case la lettre de l'image qui correspond à chaque phrase. (7 marks)

Exemple: Je cherche des informations. **B**

1 Un aller-retour pour Paris, s'il vous plaît.
2 Votre train a 40 minutes de retard.
3 Où est-ce que je peux acheter un journal, s'il vous plaît?
4 Vous pouvez laisser votre valise là-bas.
5 Je vais prendre un café.
6 Vite! Le train part dans cinq minutes!
7 Excusez-moi, c'est un compartiment non-fumeurs ici.

Dogs in the guard's van, please!

Clever clues

➤ Check the texts to see if you can work out where this is or what's going on:

Départs (C) must mean …?

… **train** (qu. 6), so it's definitely at a …?

➤ Try to make logical links with the texts:

compartiment (qu. 7) sounds like …?

non-fumeurs (qu. 7) … **fumer** (A)… 'smoke'?

le train part … (qu. 6) could be connected to …?

aller-retour (qu. 1) sounds like 'return', perhaps?

➤ Confirm your thoughts: check the *Vital Vocabulary* on worksheet 28.

Name/Group:

Upgrade: French Reading

Out and about

◆ ◆ **Foundation/Higher**

▼ Lisez le dialogue.

– *Alors, ces vacances, Alex?*

– *Pas mal ... j'ai bronzé un peu, quand même.*

– *Ah bon? Il a dû faire du soleil, alors?*

– *Oui et non, c'est-à-dire, pas tout le temps. Samedi dernier, par exemple, il a plu des cordes. Puis on a eu un grand orage avec des éclairs et tout. Qu'est-ce qu'il faisait froid! C'était affreux!*

– *Qu'est-ce que tu as fait?*

– *Ne t'inquiète pas – j'ai passé la journée entière dans la piscine chauffée de l'hôtel. C'était super! Puis dimanche matin, il a fait beau encore et même chaud: 30 degrés!*

– *Donc, tu es allée à la plage?*

– *Exact! Il faut bronzer, n'est-ce pas?*

– *Tu n'as pas joué au volley sur la plage?*

– *Si, un peu, mais il faisait un peu trop de vent, alors j'ai arrêté.*

– *Quel drôle de temps que tu as eu! J'espère qu'il n'a pas fait de brouillard aussi?*

– *Mais bien sûr que non, voyons!*

▼ Mettez les images dans le même ordre que le texte. Écrivez dans la case la lettre de l'image qui correspond. (6 marks)

Exemple: 1	2	3	4	5	6	7
B						

Off to the beach, then?

👉 Handy hints

➤ For sequencing exercises pay close attention: make sure you pick out all of the details in the correct order.

➤ If necessary, use the visuals to help you decide what language you can ignore:
they're all to do with the weather, so try to remember and spot key words – **soleil** (line 3), **beau** (line 13), **chaud** (line 13) ...

➤ Remember that grammar might be important here – different tenses: **il a plu ...** (line 5) – that's the perfect tense of **il pleut**, meaning ...?

➤ Any time markers to help with the sequence?
- Words like **samedi** (line 5), **dimanche matin** (line 12) and **puis** (line 12) meaning ...?
- And other words like **donc** (line 14) which means ...?

➤ Use a process of elimination, if there are some words you can't recall:
leave **orage** (line 6) and **éclairs** (line 7) until last and see what drawing is left.

© Mary Glasgow Magazines 2003

Name/Group:

Upgrade: French Reading

Out and about
♦♦♦ Higher

▼ Dans un magazine, vous lisez cet article.

• • • Tempêtes de fin de siècle • • •

La fin de l'année a été marquée en France par le passage de deux énormes tempêtes qui ont traversé le pays d'ouest en est avec des vents records (173 km/h sur l'aéroport d'Orly près de Paris et au Cap Ferret, dans la région de Bordeaux!). Le 26 décembre, c'est la moitié nord de la France qui est surtout touchée par la tempête, suivie dans la nuit du 27 au 28 décembre par une seconde tempête qui touche cette fois-ci la partie sud du pays. Le bilan est lourd. Plusieurs dizaines de morts, des milliers de personnes privées d'électricité pendant plusieurs semaines, des centaines de milliers d'arbres arrachés et partout des dégâts matériels plus ou moins importants (toitures et cheminées arrachées, voitures écrasées, bâtiments endommagés, etc.).

Inondations à Carentan, en Normandie – décembre 1999

▼ Complétez chaque phrase avec un mot français. Choisissez dans cette liste. (7 marks)

~~orages~~	longtemps	plus	est
ouest	deuxième		gens
lendemain	moins		véhicules

Exemple: En fin d'année, deux __orages__ ont touché la France.

1 Ils sont passés d'abord par l' _____ de la France.

2 Le vent a soufflé à _____ de 170 km/h.

3 Le _____ de Noël, c'est-à-dire le 26 décembre, la tempête a touché le nord du pays.

4 La _____ tempête a traversé la partie sud du pays.

5 Beaucoup de _____ sont morts à cause des tempêtes.

6 On a été privés d'électricité pendant _____.

7 Les tempêtes ont écrasé des centaines de _____.

Feel as if you're submerging?!

Tips for texts

➤ Glean as much as possible from the picture and the title.

➤ As ever, think of (near-)English equivalents:
passage, **seconde**, **personnes** ...

➤ Think of the pronunciation of (some of) them to help:
- **ouest** sounds like ..., so **est** must be ...?
- **cheminées** sounds like ...?

➤ Use the questions/test type to spot the right part of the text: dates, repeated words/phrases, etc.

➤ Look at the ten words in the box and see if you can think of or find in the text another word that means the same:
- **deuxième** is the same as ...?
- **véhicules** could replace ...?

➤ Grammar clues?
- **-é** or **-ê** in a word sometimes indicates a missing **-s**:
- **tempêtes** could be 'tempests', another word for ...?
- a lot of words ending in **-é(e)(s)** are past participles that often end in '-ed', so: **marqué** could mean 'marked', **touché** ...? **privé** ... (de)prived, **endommagé** ...? etc.

➤ Grammar in the sentences:
- **deux** will be a followed by a plural noun – must be **véhicules** or **orages**.
- **l'** is a definite article that must be followed by a noun beginning with **h** or a vowel;
- **le** must be followed by a masculine singular noun: **est**, **ouest**, **lendemain** or **veille**?

Name/Group:

© Mary Glasgow Magazines 2003   27

Upgrade: French Reading

Vital Vocabulary

Routine, school and future plans

◆ Foundation and ◆◆ Foundation/Higher (worksheets 18–20)

Try learning vocabulary against the clock – see how many items you can learn in a ten minute burst.

Nouns

Masculine		Feminine	
accueil	reception	bibliothèque	library
allemand	German	biologie	biology
art dramatique	drama	chimie	chemistry
cours	lesson	cour	playground
déjeuner	dinner, lunch	éducation physique/EPS	P.E.
dessin	art, drawing		
devoirs (pl)	homework	épreuve	exam
emploi du temps	timetable	instruction civique	citizenship
espagnol	Spanish	journée scolaire	school day
examen	exam	matière	school subject
ramassage scolaire	school bus service	récréation	break, playtime
		salle d'informatique	ICT room
rôti (de porc)	roast (pork)		

Useful verbs and expressions

aller au lit	to go to bed
se dépêcher	to hurry
se lever	to get up
se reposer	to rest
je ne mange pas grand-chose	I don't eat much
j'ai cours	I've got a lesson/lessons
passer un examen	to take an exam
vers 7 heures	towards/around 7 o'clock
à 8 heures environ	at about 8 o'clock

Out and about

◆ Foundation and ◆◆ Foundation/Higher (worksheets 24–26)

Writing vocabulary down often helps to make it stick.

Nouns

Masculine		Feminine	
aéroport	airport	arrivée	arrival
aller-retour	return ticket	autoroute	motorway
aller simple	single ticket	carte	map
billet	ticket	consigne (automatique)	left luggage (lockers)
carnet	book of tickets		
carrefour	crossroads	entrée	way in, entrance
départs (pl)	departures	essence	petrol
feux (pl)	traffic lights	gare SNCF	railway station
guichet	ticket hatch/office	gare routière	bus station
quai	platform	ligne	line
renseignements (pl)	information (office)	réservation	reservation, booking
rond-point	roundabout	salle d'attente	waiting room
ticket	ticket	station-service	service station
voyageur	passenger	voie	platform

Useful verbs and expressions

pour aller à …?	how do I get to …?
tournez à gauche	turn left
à droite	(on/to the) right
tout droit	straight on
le train part à quelle heure?	what time does the train leave?
il fait …	it's …
… beau	… fine
… chaud	… warm/hot
… froid	… cold
… du brouillard	… foggy
… de l'orage	… stormy
… du soleil	… sunny
… du vent	… windy
il neige	it's snowing
il pleut	it's raining

Upgrade: French Reading

Vital Vocabulary

Routine, school and future plans
◆ ◆ ◆ Higher (worksheet 21)

Make sure you learn vocabulary regularly, gradually building up your word store.

Nouns

Masculine		Feminine	
avenir	future	chance	luck
établissement	educational establishment	études (pl)	studies
contrôle	test	faculté	(university) department
progrès	progress		

Adjectives

libre	free
(aussi) long (que)	(as) long (as)
fâché	angry, cross

Useful verbs and expressions

par rapport à	compared to
se lever tôt	to get up early
et travailler tard	and work late
tandis que	whereas
en gros	generally speaking
je n'ai rien contre la façon dont on s'habille	I've got nothing against the way in which you dress
faire des progrès	to make progress
il y en a qui disent	some people say
c'en est trop!	that's quite enough!

Out and about
◆ ◆ ◆ Higher (worksheet 27)

Try to learn nouns in phrases or sentences as well.

Nouns

Masculine		Feminine	
bâtiment	building	cheminée	chimney
bilan	number of casualties	centaine(s)	hundred(s)
dégâts (pl)	damage	dizaine(s)	ten(s) of
lendemain	the day after	moitié	half
millier(s)	thousand(s)	tempête	(major) storm
passage	passage, occurrence	toitures (pl)	roofs
vents (pl)	winds	voitures (pl)	cars

Adjectives

arraché	torn (out)
écrasé	crushed
endommagé	damaged
marqué	marked, affected
touché	touched, affected

Useful verbs and expressions

le bilan est lourd	there are heavy casualties
cette fois-ci	this time
écraser	to crush
plus ou moins	more or less
souffler	to blow
traverser	to cross

Name/Group:

© Mary Glasgow Magazines 2003

Upgrade: French Reading

Tourism and accommodation
◆ **Foundation (1)**

▼ Tick ONE box only for each question in numbers 1–3.

1 Whilst travelling to your hotel in France you see this on a motorway:

> **Péage**
> **2000m**

What must you do here? (1 mark)

- A ☐ Park.
- B ☐ Pay a toll.
- C ☐ Go through customs.
- D ☐ Cross the bridge.

2 At the hotel you see this sign:

> **Parking dans le garage au sous-sol**

Where can you park? (1 mark)

- A ☐ In the garage outside.
- B ☐ Behind the hotel.
- C ☐ In the basement garage.
- D ☐ In the street.

3 Outside the hotel restaurant you see this sign:

> *Déjeuner: 12h30 à 14h30*
> *Dîner: 19h00 à 21h30*

When is dinner served? (1 mark)

- A ☐ At twelve thirty p.m.
- B ☐ Between twelve thirty p.m. and two thirty p.m.
- C ☐ At nine p.m.
- D ☐ Between seven p.m. and nine thirty p.m.

▼ Now answer these questions **in English**.

4 In the hotel guide you see the following:

> *Piscine chauffée: en face du restaurant*
> *Salle de musculation: au premier étage*
> *Salle de jeux: au rez-de-chaussée*

a Where is the swimming pool?
_____

b And the fitness room?
_____

c What's on the ground floor?
_____ (3 marks)

Got any hotel tips?

Clever clues

- Try pronouncing words if you're not sure of their meaning:
  péage (text 1) … sounds like 'pay' … (**payer**)?
  musculation (text 4) … something to do with 'muscles'?
- You're bound to be asked questions about where things are, so learn by heart:
  devant, **derrière**, **en face de**, **sur**, **sous**, etc.
- Don't forget – you don't need to understand every word: **piscine chauffée** (text 4) – the question only mentions 'swimming pool', so forget **chauffée** unless you are asked about it.
- Remember the difference between lunch and dinner, especially at hotels: dinner (text 3) is served in the evening, so …?
- Now look at the ***Vital Vocabulary*** (worksheet 38) for more key words.

Upgrade: French Reading

Tourism and accommodation
◆ Foundation (2)

▼ Lisez ces phrases.

Amélie: *Je préfère les vacances au bord de la mer.*

Bernard: *J'adore faire du camping pendant les vacances.*

Chloé: *Normalement, je vais à l'auberge de jeunesse.*

Damien: *Nous passons nos vacances à la montagne.*

Eliane: *D'habitude, on va à l'hôtel.*

Franck: *Nous louons un gîte à la campagne.*

▼ Qui va où?
Choisissez la bonne lettre.

Exemple: Amélie — G

Bernard

Chloé

Damien

Eliane

Franck   (5 marks)

Hold it! Before you go …

Clever clues

➤ Check the visuals: eight pictures but only six answers required.

➤ Scan the sentences for key words: in this case you can ignore the verbs, it's the nouns that count, so:
you don't need **je préfère** (Amélie), **j'adore** (Bernard), so what others can you drop?

➤ Do the (near-)English answers first: **hôtel** (Éliane) …

➤ Use all available clues: if **gîte** is too difficult, what about **campagne** (Franck)?

➤ Find some more useful words in the *Vital Vocabulary* (worksheet 38).

Name/Group:

© Mary Glasgow Magazines 2003   31

Upgrade: French Reading

Tourism and accommodation
◆◆ Foundation/Higher

▼ Lisez cet e-mail.

I think I might need a hand with this e-mail.

Chris
Tu veux venir à Bordeaux cet été?
Mon oncle a un restaurant au centre-ville. L'année dernière, au mois d'août, il m'a invité à travailler dans la cuisine de son restaurant. C'était vraiment bien: tous les jours, je préparais les légumes et je faisais la vaisselle.
Alors, j'ai une bonne nouvelle pour toi: il vient de me téléphoner pour nous inviter à travailler dans son restaurant! Oui, toi aussi!
On travaillera trois heures par jour au maximum, normalement à partir de midi. On pourra servir à table ou aider dans la cuisine. Le soir, on sera libres! Il nous paiera, bien sûr. Peut-être qu'il y aura des touristes anglais aussi.
Qu'en penses-tu? Réponds-moi vite!
Alex

▼ Complétez les phrases. Écrivez dans la case la bonne lettre. (8 marks)

A long	F propriétaire
B invite	G payés
C travailler	H travaillé
D soir	I aidait
E après-midi	J aideront

Exemple: Alex **B** Chris à Bordeaux pour les grandes vacances.

1 L'oncle d'Alex est le ☐ du restaurant.
2 Alex a déjà ☐ au restaurant.
3 Il ☐ dans la cuisine.
4 Son oncle a invité les garçons à ☐ dans le restaurant.
5 Les garçons travailleront l' ☐ .
6 Comme travail, ils serviront à table ou ils ☐ dans la cuisine.
7 Le travail ne sera pas ☐ .
8 Ils seront ☐ .

Break it down and it becomes easier ...

👉 Handy hints

➤ Read the text quickly to get the gist: **oncle** ... **restaurant** ... (line 3) **invité à travailler** (lines 4–5) – something to do with Alex's uncle and his ...?

➤ Read it again to spot a few more details, then read the questions, to help you focus:
Alex's uncle is ...? Alex has already ...? He ... in the kitchen, etc.

➤ Now look at the missing words and the gaps: use your grammar!

• (qu. 2 and qu. 6) <u>tenses</u> count in a text like this! You have **travaillé** and **travailler** in the list – what's the difference? You also have **aidait** and **aideront** – what tenses are these? Does each one involve one person or more than one?

• (qu. 4) 'invited the boys <u>to work</u>' – sounds like an infinitive, so it's ...?

• (qu. 5) l' ... must be followed by a noun, beginning with **h** or a vowel, so ...?

Upgrade: French Reading

Tourism and accommodation
◆◆◆ Higher

▼ Dans un magazine, vous lisez cette lettre.

Mes vacances

J'ai envie de partir en vacances, mais je dois attendre encore un mois! Je vais m'en aller avec mes parents, fin juillet. Nous prendrons le bateau à Newhaven et nous nous arrêterons deux ou trois fois en route, car c'est bien loin, le sud de la France. En plus, c'est trop fatigant de rouler plus de neuf heures en voiture.

J'espère qu'il fera beau et que je pourrai aller me faire bronzer au bord de la mer ou sur la terrasse de l'hôtel. Sinon, tant pis! L'année dernière, il a fait mauvais pendant huit jours, alors on a été obligés de faire des excursions au lieu d'aller à la plage. C'était pas si mal que ça, en fin de compte … mais je préfère profiter du soleil.

Vive les vacances ensoleillées!

Nadine, 16 ans

1 Complétez chaque phrase avec un mot français. Choisissez dans cette liste. (6 marks)

était	content
mauvais	fatigué
allait	va
prendra	fatiguée
contente	beau

a Nadine sera _____ de partir en vacances.

b Elle _____ le bateau à Newhaven.

c Si on roule trop longtemps en voiture, elle va être _____.

d Elle espère qu'il _____ faire beau.

e L'année dernière, il n'a pas fait _____ tout le temps pendant ses vacances.

f Pour elle, ce n'_____ pas un gros problème.

2 Relisez le texte.
Écrivez **V** (vrai), **F** (faux) ou **?** (on ne sait pas) dans les cases. (6 marks)

a Nadine devient impatiente, parce qu'elle veut partir en vacances. ☐

b Elle s'en va le trente et un juillet. ☐

c En route, Nadine et ses parents vont s'arrêter de temps en temps. ☐

d Le sud de la France est tout près. ☐

e Il ne fera pas beau. ☐

f Nadine déteste les visites touristiques. ☐

Tips for texts

➤ Work out the context as soon as you can, using all available clues: title, key words and phrases, etc.

➤ Use the question types to decide if you must find equivalent words and expressions or work out grammar rules:
e.g. (1) **Nadine sera …** is probably followed by an adjective, so will it be masculine or …? singular or …?

➤ At Higher level, remember how important opinions and feelings are, so scan the text for them: **j'ai envie de** … means …? **C'est trop fatigant** means …?

➤ Because she says **tant pis** and **c'était pas si mal que ça**, we can infer that Nadine doesn't really …?

➤ Last but not least, sort out the past, present and future tenses: the 3rd person singular present tense ending is often **-e** or **-t** (unless the verb is irregular); the imperfect tense 3rd person singular ending is **-ait**; the perfect tense has two parts: the auxiliary and …?

Work out the context as soon as you can …

Name/Group:

© Mary Glasgow Magazines 2003

Upgrade: French Reading

Holiday activities and services
◆ **Foundation (1)**

1 Vous êtes en ville.

C'est quel magasin? Écrivez la bonne lettre dans la case. (5 marks)

Exemple:	la bijouterie	D
a	la pâtisserie	
b	le bureau de tabac	
c	la boulangerie	
d	la pharmacie	
e	la librairie-papeterie	

2 Où faut-il aller?

Écrivez la bonne lettre dans la case. (4 marks)

Vous voulez …		
a	… changer de l'argent.	
b	… acheter des médicaments.	
c	… acheter des timbres.	
d	… demander un plan de la ville.	

They said I have to pay to borrow a book in that library!

That's because it's not a library – it's a bookshop!

Clever clues

➤ Use the (near-)English equivalents first:
tabac (1b) is not unlike …?
pharmacie (1d) is like the English word …?
And what about **médicaments** (2b)?

➤ Use your knowledge of French life:
the difference between a **boulangerie** (1c) and a **pâtisserie** (1a) is …?
you can book hotels at a …?

➤ Now check the *Vital Vocabulary* (worksheet 38) for more key words.

Upgrade: French Reading

Holiday activities and services
◆ Foundation (2)

1 Regardez les images.
Écrivez dans la case la lettre de l'image qui correspond à chaque phrase. (7 marks)

Exemple: Aïe! Ça fait mal au dos! **F**

a Vous avez mal au pied gauche ou au pied droit?

b Je crois que je me suis cassé le bras, docteur.

c J'ai mal à la tête.

d Vous avez mal aux dents?

e Je suis enrhumé.

f Vous avez de la fièvre.

g J'ai aussi mal à la main.

2 Read the advertisement and fill in the answers on the grid in **French**. (5 marks)

Médimac
Mal à l'estomac?
Pas de problème – prenez **Médimac**:
trois comprimés deux fois par jour,
matin et soir.

a	Genre de médicament?	
b	En prendre combien?	
c	Combien de fois par jour?	
d	Quand?	• •

All this French is making me ill. I need a quick cure!

Clever clues

➤ Use the pictures and obvious vocabulary (**docteur** 1b) to get the context.

➤ Any (near-)English words? **estomac** (text 2) could be …? **fièvre** (1f) sounds a bit like …?

➤ Scan for key words and ignore the rest: forget: **Je crois que je me suis cassé** … and focus on **(le) bras** (1b).

➤ You'll find a useful list of words in the *Vital Vocabulary* (worksheet 38).

Name/Group:

© Mary Glasgow Magazines 2003

Upgrade: French Reading

Holiday activities and services
◆◆ **Foundation/Higher**

▼ Lisez cette page de publicité.

▼ Choisissez un restaurant (A, B, C, D, E, F ou G) pour chaque personne.

Vous n'aurez pas besoin de toutes les lettres. (6 marks)

1. Je ne voudrais pas payer plus de quinze euros, prix nets. ☐
2. J'aimerais manger un steak au poivre. ☐
3. Je préférerais manger une pizza à la maison. ☐
4. Je déteste la viande, les fruits de mer et les crêpes. Je préfère un menu exclusivement végétarien. ☐
5. Il est tard. Où est-ce qu'on peut manger après dix heures? ☐
6. Je n'aimerais pas manger dans un de ces restaurants modernes sans ambiance. ☐

A	**Crêperie Du Port** Grand choix de galettes et de crêpes dans un restaurant normand traditionnel *Fermé le lundi*
B	*Le Globe* SPÉCIALITÉS FRUITS DE MER *Ouvert tous les jours de 10h30 à 23h00*
C	**Le pourquoi pas?** Menus à la carte et plats du jour à partir de 10 € tout compris
D	• • • *La Trattoria* • • • **Pizzeria et cuisine italienne** • • • *Pizzas à emporter* • • •
E	**Au Chat Botté** *On vous propose toute une gamme de plats chauds et froids ... sept jours sur sept!*
F	**LE HAMBURGER** *Spécialisé en viandes et grillades* – fermé le mardi –
G	~ ~ *Les 4 Saisons* ~ ~ • *Restauration express* • *Plats végétariens, nos spécialités*

I ordered fruit salad!

SPECIALITE FRUITS DE MER

No, you didn't! Fruits de mer, it says. Remember: au bord de la mer? Doh!!

👉 Handy hints

- The context is easy but beware the instructions – learn the rubrics by heart:
- **Vous n'aurez pas besoin de toutes les lettres** means you won't need ...?

- Scan the ads for recognizable words first, like **restaurant traditionnel** (A), **italienne** (D), **végétariens** (G), **express** (G), etc.

- Try to link words in the text with words in the statements:
steak (qu. 2) with ...?
prix nets (qu. 1) with **tout ...** (C) ...?
modernes (qu. 6) contrasting with ...?

© Mary Glasgow Magazines 2003

Upgrade: French Reading

Holiday activities and services
◆◆◆ Higher

▼ Read this article about a French town.

Marseille

Marseille est une des plus anciennes villes de France. Elle a été fondée par des marins grecs il y a 2 600 ans sous le nom de Massalia. Aujourd'hui peuplée de près de 900 000 habitants, c'est l'une des villes les plus jeunes et les plus dynamiques de France.

Marseille a tout pour attirer les jeunes: de belles plages, un grand nombre d'installations sportives, des festivals tout au long de l'année, un métro pour faciliter la circulation dans la ville, et l'un des plus grands centres commerciaux de France, le Grand Littoral, avec plus de 200 boutiques sur une superficie de 140 000m².

Côté musique, Marseille est la capitale française du rap. Le groupe marseillais IAM est connu à travers toute l'Europe.

Marseille est la deuxième ville de France, le premier port commercial français et le premier port de plaisance européen. Paris est la capitale de la France, mais le territoire de Marseille est deux fois plus grand que celui de Paris.

▼ Make notes in English for a project on Marseilles.

1. Give three details about the origins of Marseilles.

   a _____
   b _____
   c _____
   (3 marks)

2. What is its current population? (2 marks)
   _____

3. Name four features that are likely to attract young people there. (4 marks)

   a _____
   b _____
   c _____
   d _____

4. Choose the four statements which most accurately describe the town of Marseilles.

   A Europe's leading marina
   B One of the oldest but also one of the youngest and most dynamic towns in France
   C France's second city founded over two and a half thousand years ago
   D France's most important port
   E A city of sun, wine and sport
   F Famous world wide as a capital of rap music

   Example: B ☐ ☐ ☐ (3 marks)

Ah, Marseilles, the home of pétanque ...

Tips for texts

► Pay particular attention to instructions and marks available: 1 mark means one detail, 2 marks mean two details, etc.

► Scan each relevant section for details in 1–3 and be prepared to summarise, too (4).

► Keep looking for (near-)cognates: **fondée** could be ...? **peuplée** plus a number could have something to do with ...? **territoire** sounds like ...?

► Grammar clues – remember, adjectives follow nouns, so **centres commerciaux** would mean ...?

► Do you recall comparatives and superlatives: **plus grand que** means ...? and **les plus dynamiques** means ...?

► Beware! At Higher level, examiners are looking for understanding of fine differences, so watch out for traps; **premier port commercial français et le premier port de plaisance européen**, but question 4A only mentions Europe, not France.

Name/Group:

© Mary Glasgow Magazines 2003   37

Upgrade: French Reading

Vital Vocabulary

Tourism and accommodation

◆ Foundation and ◆◆ Foundation/Higher (worksheets 30–32)

Try burning your own vocab. CD!

Nouns

Masculine		Feminine	
avion	plane	agence de voyages	travel agent's
bateau	boat	auberge de jeunesse	youth hostel
bord de la mer	seaside	campagne	country(side)
déjeuner	lunch (midday)	caravane	caravan
dîner	dinner (evening)	chambre (de famille)	(family) room
dortoir	dormitory	douane	customs
emplacement	pitch (on campsite)	eau (non) potable	(not) drinking water
gîte	rented house in the country	île	island
lac	lake	salle de jeux	games room
péage	toll (booth)	salle de musculation	fitness room
premier étage	first floor	serviette	towel
rez-de-chaussée	ground floor	tente	tent
savon	soap		
sous-sol	basement		

Useful verbs and expressions

j'ai réservé une chambre	I've booked a room
au nom de	in the name of
tout compris	inclusive, all included
garer	to park
loger	to stay (at hotel, gîte, etc.)
on sera libre(s)	we'll have free time
faire la vaisselle	to do the washing up
on sera payé(s)	we'll be paid

Holiday activities and services

◆ Foundation and ◆◆ Foundation/Higher (worksheets 34–36)

Try colour coding nouns to help your visual memory of vocabulary.

Nouns

Masculine		Feminine	
argent	money	addition	bill
bras	arm	boîte aux lettres	postbox
bureau de change	currency exchange	boulangerie	baker's
bureau de tabac	tobacconist's	carte	menu
chèque de voyage	traveller's cheque	crêpe	pancake (sweet)
choix	choice	cuillère	spoon
corps	body	dents (pl)	teeth
cou	neck	fièvre	fever, high temperature
couteau	knife	fourchette	fork
doigt	finger	galette	savoury pancake
dos	back	gorge	throat
estomac	stomach	grippe	flu
fruit(s) de mer	seafood	jambe	leg
genou	knee	librairie	bookshop
hors-d'œuvre	starter	location	hire
médicament	medicine	main	hand
nez	nose	oreille	ear
œil/yeux	eye/eyes	papeterie	stationer's
plat du jour	meal of the day	pâtisserie	cake shop
rhume	cold	pharmacie	chemist's
timbre	stamp	pièce de 5 euros	5 euros coin
ventre	stomach	tasse	cup
		télécarte	telephone card

Useful verbs and expressions

j'ai mal à l'oreille	I've got earache
j'ai réservé une table	I've booked a table
le service est compris?	is service included?
prix nets	inclusive prices
(à) emporter	to take away
sans ambiance	without any atmosphere

38 © Mary Glasgow Magazines 2003

Upgrade: French Reading

Vital Vocabulary

Tourism and accommodation
◆◆◆ Higher (worksheet 33)

Try learning vocabulary in grammar categories: adjectives, infinitives, adverbs, etc.

Useful verbs and expressions

j'ai envie de (+ *infinitive*)	I want to
encore un mois	another month
s'en aller	to go away
fin juillet	at the end of July
de temps en temps	from time to time
rouler	to travel (in a vehicle)
se bronzer	to sunbathe, tan
sinon, tant pis!	if not, never mind!
au lieu de (+ *infinitive*)	instead of
pas si mal que ça	not as bad as all that
en fin de compte	after all is said and done
profiter de (+ *infinitive*)	to take advantage of
vive les vacances!	long live the holidays!
ça me dit de (+ *infinitive*)	I'd like to, I fancy (doing)
venir de (+ *infinitive*)	to have just (done)
en plus	what is more, besides that
plus de neuf heures	more than nine hours
pendant huit jours	for a week (8 days)
être obligé de (+ *infinitive*)	to be forced to, have to

Adjectives

décontracté	*relaxed*
déprimant	*depressing*
ensoleillé	*sunny*
épuisant	*exhausting*
impatient	*eager*
inquiet/inquiète	*anxious, worried*
obligé (de)	*obliged (to)*

Holiday activities and services
◆◆◆ Higher (worksheet 37)

Try adding a visual or two to your wordlists – they may help you to visualize the list more easily.

Nouns

Masculine

marin(s) grec(s)	*Greek sailor(s)*
paradis	*paradise*
territoire	*territory*
port de plaisance	*marina*

Feminine

boutique	*shop*
circulation	*traffic*
installation sportive	*sports facility*
superficie	*area*

Adjectives

ancien	*former, ancient*
mon ancienne ville	*my old (former) town*
une ville ancienne	*an ancient town*
connu	*known*
fondé	*founded*
peuplé	*peopled, inhabited*

Useful verbs and expressions

il y a	ago
sous le nom de	under the name of
attirer	to attract
tout au long de	throughout
faciliter	to make easier
côté musique	as far as music is concerned
à travers	across
celui de Paris	that of Paris

Name/Group:

© Mary Glasgow Magazines 2003

Upgrade: French Reading

Test yourself (2)
◆ Foundation
◆◆ Foundation/Higher

Aux magasins

1 Vous êtes en ville.

▼ C'est quel magasin? Écrivez la bonne lettre dans la case. (6 marks)

Exemple:	la poste	E
a	la pharmacie	
b	la bijouterie	
c	le bureau de tabac	
d	l'office de tourisme	
e	le bureau de change	
f	l'épicerie	

2 Où faut-il aller?

▼ Écrivez la bonne lettre dans la case. (4 marks)

Vous voulez …		
Exemple:	… envoyer une lettre.	B
a	… faire un voyage en train.	
b	… acheter des croissants.	
c	… acheter un livre.	
d	… des renseignements touristiques.	

Upgrade: French Reading

Test yourself (2)
♦♦♦ Higher

1 Lisez le texte.

L'euro a remplacé le franc

Depuis le 1er janvier 2002, le franc français n'existe plus. Il a été remplacé par l'euro, la nouvelle monnaie européenne adoptée au début par douze des quinze pays membres de l'Union européenne. L'euro valait 6,56 francs.

Il était possible d'utiliser le franc jusqu'au 17 février 2002. L'euro est donc devenu la monnaie de l'Allemagne, de l'Autriche, de la Belgique, de l'Espagne, de la Finlande, de la Grèce, de l'Irlande, de l'Italie, du Luxembourg, des Pays-Bas et du Portugal. Seuls le Danemark, le Royaume-Uni et la Suède ont décidé de garder leur monnaie pendant encore quelque temps.

Les touristes de la zone euro sont contents, car il n'y a plus de frais de change. Avant, un touriste français qui visitait les onze pays de la zone euro perdait près de 40% de la valeur de son argent en frais de change!

▼ Écrivez dans les cases les lettres des phrases correctes. (4 marks)

Exemple: **A** ☐ ☐ ☐ ☐

A On ne peut plus utiliser le franc français.
B L'euro a remplacé la monnaie de tous les pays membres de l'Union européenne.
C L'euro valait plus de six fois plus que le franc.
D Avant le 17 février, le franc valait plus que l'euro.
E La plupart des pays de l'Union européenne ont opté pour l'euro.
F Le Danemark, le Royaume-Uni et la Suède voulaient garder le franc.
G Trois pays membres de l'Union européenne ont refusé de remplacer leur monnaie.
H Le seul problème de l'euro, ce sont les frais de change.
I Comme il n'y a plus de frais de change, les touristes sont contents.

2 Lisez cet extrait d'article.

La météo

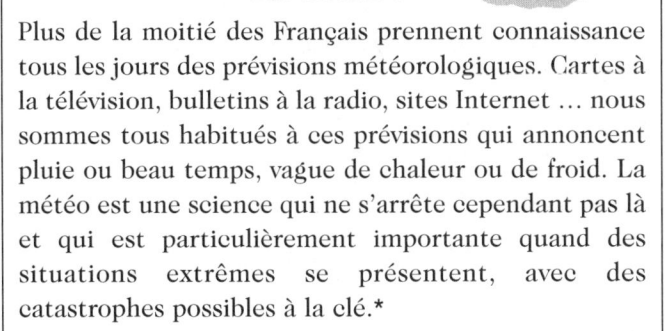

Plus de la moitié des Français prennent connaissance tous les jours des prévisions météorologiques. Cartes à la télévision, bulletins à la radio, sites Internet ... nous sommes tous habitués à ces prévisions qui annoncent pluie ou beau temps, vague de chaleur ou de froid. La météo est une science qui ne s'arrête cependant pas là et qui est particulièrement importante quand des situations extrêmes se présentent, avec des catastrophes possibles à la clé.*

Prévoir le temps qu'il va faire n'est pas une science facile. Il faut tout d'abord rassembler un nombre incroyable de données à travers le monde (températures, taux d'humidité, pressions atmosphériques, etc.), les transférer sur de puissants ordinateurs pour effectuer des séries de prévisions météo, enfin transmettre les informations ainsi obtenues aux personnes concernées le plus vite et le plus clairement possible.

Pour cela, la France a établi un réseau de surveillance – Météo France – qui utilise tout un arsenal de moyens pour récolter des données météo: stations d'observation au sol (531 en France métropolitaine et 67 dans les territoires et départements d'outre-mer), radars, navires et avions spécialisés, ballons ... Bref, une surveillance sans faille**: sur terre, sur mer, en altitude et même dans l'espace!

* at the end of it, ** flawless

▼ Make notes in English for your project on weather forecasting.

a When do the broadcasts take on particular importance?

_____ (1 mark)

b Name three examples of the data that must be collected for these forecasts.

i _____

ii _____

iii _____ (3 marks)

c Where are these data transferred to?

_____ (1 mark)

d What has France set up as part of its weather forecasting service?

_____ (1 mark)

e Name five of the features of *Météo France* mentioned in this article.

i _____

ii _____

iii _____

iv _____

v _____ (5 marks)

Name/Group:

© **Mary Glasgow Magazines 2003**

Upgrade: French Reading

Home, health and fitness
◆ Foundation (1)

▼ You're shopping in an outside market in France.

1

abricots
ananas
fraises
framboises

1 What fruits are on sale here?

_____
_____
_____
_____ (4 marks)

2

haricots verts
pommes de terre primeurs

2 a What kind of beans are these?
_____ (1 mark)

b What sort of early crop vegetable is this?
_____ (1 mark)

Yummy! Banana splits tonight!

Quelle banane! It's pineapple, not banana!

Clever clues

➤ Pick up the hints in the questions: 'fruits' (qu. 1), 'beans' (qu. 2a), – watch out: **fruits de mer** (text 3) is not fruit, it's …?

➤ Eliminate strange words by using logic:
primeurs (text 2) must mean …?, so you just need to know **pommes de terre**;
en promotion (text 3) must mean 'on … …'?

➤ Think how some words sound: **douzaine** (text 3) sounds a bit like …?
pièce (text 3) could be …?

➤ Check the *Vital Vocabulary* (worksheet 50) for more key words.

▼ Now tick one box only in each of questions 3a–c.

3

FRUITS DE MER EN PROMOTION
Huîtres   la douzaine   6,50 €
Crabes   la pièce   5 €

3 a What's on special offer at the next stall?

A fruit ☐
B vegetables ☐
C seafood ☐
D meat ☐
(1 mark)

b How many oysters do you get for 6,50 €?

A 10 ☐
B 6 ☐
C 20 ☐
D 12 ☐
(1 mark)

c Crabs cost 5 € …

A for 5 ☐
B each ☐
C for a half ☐
D for 10 ☐
(1 mark)

42 © Mary Glasgow Magazines 2003

Name/Group:

Upgrade: French Reading

Home, health and fitness
◆ Foundation (2)

You can clean up with these clues!

Clever clues

- Look at the drawings to see if there's a common link: jobs? pastimes? chores?
- Nouns are the key words here, so you can ignore …?
- Scan for key words: **lit** (example) means …? and **débarrasser** (qu. 1) is something to do with the …?
- Look for familiar words like: **table** (qu. 1), **jardin** (qu. 2), **cuisine** (qu. 7), then think about the less obvious ones left: **vaisselle** (qu. 3), **poubelle** (qu. 5), **aspirateur** (qu. 6) …?
- Last but not least for now: the *Vital Vocabulary* (worksheet 50).

▼ Regardez les images.

▼ Écrivez dans la case la lettre de l'image qui correspond à chaque phrase. (7 marks)

Exemple: Normalement, je fais mon lit. [E]

1. Je préfère débarrasser la table.
2. Je n'aime pas travailler dans le jardin.
3. Tu fais la vaisselle?
4. Papa fait le repassage.
5. Il sort aussi la poubelle.
6. Maman passe l'aspirateur.
7. Qui fait la cuisine?

Lucky the advice is better than the joke!

Name/Group:

© Mary Glasgow Magazines 2003   43

Upgrade: French Reading

Home, health and fitness
◆◆ Foundation/Higher

Le nord contre le sud

Est-ce qu'on mange mieux dans le nord que dans le sud de l'Europe? Les nutritionnistes ont prouvé scientifiquement les avantages du régime méditerranéen pour la santé. Les peuples du nord de l'Europe souffrent beaucoup plus de maladies du cœur ou de cancers que ceux du sud.

Pourquoi cette différence? Les peuples méditerranéens mangent beaucoup plus de fruits et de légumes que ceux du nord qui achètent des produits riches en sucres. De plus, différence importante, les Méditerranéens cuisinent rarement au beurre ou avec de la margarine. Ils utilisent de l'huile d'olive, qui est bien meilleure pour la santé.

---

1 Écrivez **V** (vrai), **F** (faux) ou **?** (on ne sait pas) à côté de chaque phrase. (5 marks)

a On mange plus sain dans la région méditerranéenne.

b Les peuples du nord de l'Europe ne souffrent jamais du cancer.

c Les peuples méditerranéens mangent beaucoup de poisson.

d Les Méditerranéens préfèrent cuisiner avec du beurre.

e L'huile d'olive est très bonne pour la santé.

2 Complétez les phrases: écrivez dans la case la lettre du mot qui correspond. (4 marks)

A	vont
B	sud
C	nord
D	moins
E	plus
F	peuples
G	Méditerranéens

a Les nutritionnistes ont prouvé qu'on mange plus sain dans le ☐.

b Les ☐ du nord ont plus de maladies graves.

c Dans le nord, on mange beaucoup ☐ de fruits et de légumes.

d La différence la ☐ importante est dans la cuisson.*

* la cuisson = *cooking*

Handy hints

➤ The visuals tell you it's to do with …? And the title **Le nord contre le sud** suggests a contest, so we'll be comparing …?

➤ Right from the start there are lots of (near-)English words: **nutritionnistes**, **prouvé**, **scientifique(ment)** (line 2), **avantages** (line 3), **souffrent** (line 4), **cancers** (line 5), …

Souffrir? I'm the one that's suffering here!

➤ Grammar clues: spot the comparisons, using **plus …** (lines 4 and 7), **moins …** (2D) and words like 'biggest', 'most important', …

➤ In the gap-fill exercise, work out if there's a noun missing, or a verb or …?

© Mary Glasgow Magazines 2003

Upgrade: French Reading

Home, health and fitness
◆◆◆ **Higher**

▼ Lisez ces lettres.

:-) Manger bien, vivre sain?

A: Nina
Je préfère manger sain et garder la forme. Je ne supporte pas les plats gras. Je fais du sport tous les jours.

B: Anaïs
Il y a un an, j'ai décidé de ne plus manger de viande. Pourquoi? C'est bien simple: je n'apprécie pas l'idée de tuer de pauvres animaux innocents.

C: Noa
Pour bien garder la forme, je mange régulièrement et sain, bien sûr – trois repas par jour, beaucoup de fruits et de légumes frais, du poulet, des pâtes … À part ça, je fais du sport trois ou quatre fois par semaine. Et je me couche toujours de bonne heure.

D: Antoine
Même si je ne suis pas fanatique de fast-food, je ne vois pas pourquoi je ne mangerais pas de pizza et de hamburgers. Au contraire: pourquoi pas? Je trouve ça bon. Je garde la forme en aidant de temps en temps à la maison ou dans le jardin.

E: Ariane
Je ne suis pas végétarienne mais je n'aime pas beaucoup le goût de la viande. Alors, peut-être que je vais changer d'idée … on ne sait jamais!

F: Marco
En fait, j'étais végétarien pendant longtemps, mais j'ai fini par changer de régime, parce qu'à mon avis, les plats végétariens ont un goût fade.

▼ Écrivez la bonne lettre dans la case.
(5 marks)

a Qui est végétarien?

b Qui n'est plus végétarien?

c Qui mange bien, dort bien et fait beaucoup de sport?

d Qui pense devenir végétarien?

e Qui garde sa forme en mangeant sain et en faisant du sport sept fois par semaine?

Tips for texts

➤ Fine detail of grammar is often important at this level: check tenses – who was/did/is going to …?

➤ Negatives: **ne …pas**, **ne …plus**, **jamais** – what do they tell you about the opinion of the author?

➤ At this level you might have to read into a text and infer what the people are like or what opinions they hold.

➤ Keep looking for (near-)cognates: **apprécie**, **forme**, **fanatique**, **végétarien** look quite easy …

What?! It's fat-free ice cream, you know!

Upgrade: French Reading

Working and shopping
◆ **Foundation (1)**

1

A BOULANGERIE
B CHARCUTERIE
C FROMAGERIE
D PARFUMERIE
E PHARMACIE
F POISSONNERIE

1 You're shopping in a hypermarket in France. Where would you go to buy …

a some ham?
b a loaf of bread?
c fresh salmon?
d Camembert cheese?   (4 marks)

2

CADEAUX-SOUVENIRS

2 Now you're on the high street. Apart from souvenirs, what could you buy here?
_____ (1 mark)

3

▶▶▶▶▶
Appareils photo *Kodak* et *Minolta*
Flacons de parfum
Portefeuilles en cuir et en plastique

3 You see these signs inside the shop. What is for sale here?
_____ (2 marks)
_____ (1 mark)
_____ (3 marks)

4

Super-U à Dieppe

Promotion : légumes

Asperges
à 1,50 € le paquet

4 Read the advertisement and complete the grid **in French**. (4 marks)

a	Nom du supermarché:	
b	Ville:	
c	Légume en promotion:	
d	Prix le paquet:	

Clever clues — *When the going gets tough … … the tough go shopping!*

➤ Use the vocabulary you know to help with what might look like strange words:

you know **fromage** means …? so **fromagerie** (1C) must be …?

you've learnt **poisson**, so **poissonnerie** (1F) is …?

➤ Make sure you earn all the marks available: give three details if there are three marks in brackets; and if there's only one, just give one detail: no need to translate **flacon** (text 3) …

➤ Use your knowledge of English: **souvenirs** (text 2) means …? **plastique** (text 3) sounds like …?

➤ Check the *Vital Vocabulary* (worksheet 50) for more key words.

Upgrade: French Reading

Working and shopping
◆ Foundation (2)

Get smart!

Clever clues

➤ Spot the easy clue: the drawings are all about …?

➤ Don't worry about personal pronouns – **je**, **vous**, **il** (qus 1–7) – just focus on nouns like **jupe** (qu. 1) meaning …? and **maillots de bain** (qu. 3) which are …?

➤ Socks or shoes: be <u>sure</u> they're shoes – **chau<u>ssures</u>** (qu. 7), not a <u>set</u> of socks – **chau<u>ssettes</u>** (qu. 6).

➤ Brush up your clothing vocabulary in the *Vital Vocabulary* (worksheet 50).

1 Regardez les images.

▼ Écrivez dans la case la lettre de l'image qui correspond à chaque phrase. (7 marks)

Exemple: Je peux essayer ces baskets? **E**

1 Vous avez cette jupe en noir?
2 J'ai besoin d'une casquette.
3 Où sont les maillots de bain, s'il vous plaît?
4 Voulez-vous essayer la robe?
5 Vous avez ce pantalon en coton?
6 Il me faut des chaussettes.
7 J'adore ces chaussures!

2 Read the text and answer the questions **in English**.

> Avec mon argent de poche et l'argent de mon petit emploi, je vais m'acheter des vêtements – un blouson et des bottes en cuir. J'aimerais aussi une jupe courte et une robe jaune.
> Amélie

a What money will Amélie use to buy her clothes?
_____ (2 marks)

b What kind of jacket will she buy?
_____ (1 mark)

c What else will she buy made of the same material?
_____ (1 mark)

d What sort of dress does she want?
_____ (1 mark)

Name/Group:

© Mary Glasgow Magazines 2003   **47**

Upgrade: French Reading

Working and shopping
◆◆ Foundation/Higher

▼ Lisez ces extraits de lettres.

Que fais-tu pour gagner de l'argent?

A Benjamin	*Normalement, je fais du baby-sitting et j'ai même travaillé comme garçon de café l'année dernière, au mois d'août. C'est bien parce que je ne reçois pas d'argent de poche.*
B Lydia	*Je suis très contente parce que je vais travailler comme monitrice dans une colonie de vacances en Vendée, dans l'ouest de la France. Je vais organiser des excursions, des jeux sur la plage et des activités collectives tous les soirs.*
C Halim	*L'été dernier, j'ai travaillé au camping municipal. Je devais travailler au bureau et je devais aussi nettoyer le bloc sanitaire une fois par semaine. C'est un peu ennuyeux, mais c'est bien payé. Avec un peu de chance, je vais y travailler encore cet été.*
D Céline	*Le week-end, je travaille comme caissière dans un supermarché, tout près de chez moi. C'est fatigant mais je gagne un peu d'argent quand même. Je ne pense pas que je vais devenir caissière après l'école!*
E Samuel	*D'habitude, je travaille chez mon beau-frère, qui est mécanicien. J'apprends beaucoup sur les réparations de voitures et de temps en temps, j'ai même l'occasion de conduire des voitures dans un champ, derrière le garage.*

▼ C'est qui? Écrivez la bonne lettre dans la case. (4 marks)

1 Je devais accueillir les campeurs.
2 Je l'aide à réparer les véhicules.
3 D'habitude, je garde les enfants de mes voisins.
4 Je n'aimerais pas faire ça comme métier, plus tard.

This looks like really hard work!

Not for me it isn't!

You've got to work at it ...

👉 Handy hints

➤ No visuals, so look for clues in the text: any pattern/repeated words? Try the verbs: **gagne** (D), **travailler** (C), **travaillé** (A), **organiser** (B) ... sounds like it's all to do with ...?

➤ Scan for key nouns: **baby-sitting** (A), **monitrice** (B), **caissière** (D), ...

➤ Make links between the texts and the language in the four statements underneath: **camping** (C) and ...? **véhicules** (qu. 2) and ...? **fatigant** (D) and ...? **garde les enfants** (qu. 3) and **fais du ...**? (A)

➤ Check your thoughts in the *Vital Vocabulary* (worksheet 50).

Upgrade: French Reading

Working and shopping

◆◆◆ **Higher**

▼ Lisez ce texte.

TRAVAIL EN ENTREPRISE *Joëlle*

L'année dernière, j'ai fait deux stages en entreprise. D'abord, j'ai travaillé dans un magasin de photographie au centre-ville. Je n'aimais pas tellement être vendeuse, mais je devais essayer de vendre des appareils photo de toutes sortes aux clients. Il y avait des modèles à des prix fantastiques! Ce que je préférais, c'étaient les jours où le patron me montrait comment on fait développer les films. C'était extraordinaire. Bien sûr, comme j'étais la plus jeune, je devais également préparer le café, mais ça, c'est normal, je suppose. Enfin, c'était pas mal comme première expérience.

Ensuite, j'ai passé sept jours dans une grande surface – un vaste hypermarché en dehors de la ville. D'abord, on m'a fait travailler dans les bureaux. Je répondais au téléphone, j'appelais des clients pour le patron, j'organisais les fichiers* et j'accueillais les clients. Puis j'ai travaillé un peu partout dans les rayons: boulangerie, poissonnerie (oh, que ça puait!), charcuterie … mais je n'avais pas le droit de travailler dans le rayon alcools! On ne m'a pas permis non plus de travailler à la caisse. Heureusement, parce que les clients n'aiment pas faire la queue et moi je ne suis pas très rapide!

▼ Répondez en français aux questions. (8 marks)

Exemple: Qu'est-ce que Joëlle a fait, il y a un an?

Deux stages en entreprise.

* les fichiers = *files*

a Où se trouvait son premier lieu de travail?

_____

b Que faisait-elle?

_____

c Qu'est-ce qu'elle aimait mieux faire?

_____

d Pourquoi devait-elle préparer le café?

_____

e Combien de semaines a-t-elle travaillé à l'hypermarché?

_____

f Qu'a-t-elle fait avant de travailler dans les rayons?

_____

g Comment trouvait-elle les poissons?

_____

h Pourquoi, à votre avis, ne pouvait-elle pas travailler dans le rayon alcools?

_____

Tips for texts

- Use the title and drawings to establish the context: the link between cameras, a hypermarket and **travail en entreprise** is …?
- Look at the questions in French and let them guide you through the text.
- Grammar is very important here as there are examples of different tenses:
- can you find examples of perfect, imperfect and present tenses?
- Generally, if you need to use a verb in your answer, the tense should match the tense in the question: so in b **Que faisait-elle?** means 'What did she used to …?' and you must answer **Elle …** + imperfect tense.
- Make sure you know all the question forms: **Que/Qu'est-ce que …?** means …? And **Où?**, **Comment?**, **Combien?** mean …?
- Remember, you can answer **Pourquoi …?** with **Parce que** + a verb in the tense that matches the question.

Name/Group:

© Mary Glasgow Magazines 2003

Upgrade: French Reading

Vital Vocabulary

Home, health and fitness

◆ Foundation and ◆◆ Foundation/Higher (worksheets 42–44)

Try writing vocabulary on both sides of cards, either as opposites (healthy-unhealthy, sweet-sour) or as pairs (strawberries and cream).

Nouns

Masculine		Feminine	
abricot	apricot	baguette	stick loaf
ananas	pineapple	carotte	carrot
beurre	butter	cerise	cherry
crabe	crab	confiture	jam
champignon	mushroom	courses	shopping
chou	cabbage	crème	cream
chou-fleur	cauliflower	crêpe	pancake
citron	lemon	eau minérale	mineral water
fruits de mer (pl)	seafood	fraise	strawberry
haricot vert	green bean	framboise	raspberry
jambon	ham	huile (d'olive)	(olive) oil
légume	vegetable	huître	oyster
peuple	people	maladie	illness, disease
porc	pork	pêche	peach
végétarien	vegetarian	pomme	apple
		pomme de terre	potato
		salade	salad
		tomate	tomato

Useful verbs and expressions

en promotion	on offer
débarrasser la table	to clear the table
faire la cuisine	to do the cooking
faire le lit	to make the bed
faire le ménage	to do the housework
faire le repassage	to do the ironing
faire la vaisselle	to do the washing up
passer l'aspirateur	to vacuum clean
sortir la poubelle	to put the dustbin out
meilleur(e) pour la santé	better for your health
utiliser	to use

Working and shopping

◆ Foundation and ◆◆ Foundation/Higher (worksheets 46–48)

Nouns

Masculine		Feminine	
achat	purchase	alimentation	food, supplies
appareil photo	camera	asperges (pl)	asparagus
ascenseur	lift	basket(s)	trainer(s)
bloc sanitaire	wash block	botte(s)	boot(s)
blouson	(light) jacket	boucherie	butcher's
cadeau	gift	boulangerie	baker's
chapeau	hat	boutique	shop
cuir	leather	caisse	checkout, cash desk
emploi	job	casquette	baseball cap
hypermarché	hypermarket	charcuterie	delicatessen, pork butcher's
imperméable	raincoat	chaussette	sock
jean	jeans	chaussure	shoe
jogging	tracksuit	chemise	shirt
maillot de bain	swimsuit	colonie de vacances	holiday camp for children
manteau	overcoat	cravate	tie
mécanicien	mechanic	épicerie	grocery
métier	occupation	fromagerie	cheese section/shop
pantalon	trousers	jupe	skirt
patron	boss	laine	wool
portefeuille	wallet	mode	fashion
rayon	shelf, department	monitrice	monitor (at summer camp)
répondeur	answering machine	parfumerie	perfume shop
sous-sol	basement	poissonnerie	fish section/shop
(téléphone) portable	mobile (phone)	robe	dress

50 © Mary Glasgow Magazines 2003

Name/Group:

Upgrade: French Reading

Vital Vocabulary

Home, health and fitness
◆◆◆ Higher (worksheet 45)

Use an on-line dictionary for a change to pep up your vocabulary learning.

Nouns

Masculine		Feminine	
entraînement	training	forme	fitness, shape
fanatique	fan	pâtes (pl)	pasta
goût	taste	pizza	pizza
plat gras	fatty/greasy meal	viande	meat
régime	diet	vie saine	healthy life/living
repas	meal		
sommeil	sleep		

Adjectives

fade	flavourless, dull
frais	fresh
gras	fatty, greasy
sain	healthy

Useful verbs and expressions

garder la forme	to keep in shape
manger sain	to have a healthy diet
Je ne supporte pas	I can't stand
Je n'apprécie pas	I don't like/appreciate
tuer	to kill
au contraire	on the contrary
on ne sait jamais	you never know
j'ai fini par changer	I ended up changing
à part ça	apart from that
en aidant	by helping
en fait	in fact

Working and shopping
◆◆◆ Higher (worksheet 49)

Word-process your vocabulary list and you can work on it on screen and connect immediately to an on-line dictionary, too.

Nouns

Masculine		Feminine	
bureau	office	grande surface	supermarket, mall
droit	right		
patron	boss		
stage en entreprise	work experience		
vendeur	salesman		

Adjectives

extraordinaire	extraordinary
fantastique	fantastic
vaste	vast, huge

Useful verbs and expressions

faire un stage en entreprise	to do work experience
essayer de (+ infinitive)	to try to
de toutes sortes	of all kinds
c'est normal	it's to be expected
en dehors de	outside of, on the edge of
on m'a fait travailler	I was put to work
accueillir	to receive, welcome
que ça puait!	it really stank!
puer	to stink
je n'avais pas le droit de (+ infinitive)	I wasn't allowed to
faire la queue	to queue
pas tellement	not much

Name/Group:

© Mary Glasgow Magazines 2003   51

Upgrade: French Reading

Leisure and entertainment
◆ **Foundation (1)**

1 Find the best films for these people who want to go to the cinema. (4 marks)

a *We want to see a horror film.* ☐
b *The kids want to see a cartoon.* ☐
c *Dad wants to see a thriller.* ☐
d *What about a comedy?* ☐

CINÉTHÈQUE

A Salle 1: ***Jurassic Park III***, science-fiction
B Salle 2: ***Le Diable***, film d'épouvante
C Salle 3: ***Les Clowns***, film comique
D Salle 4: ***Tom et Jojo***, dessin animé
E Salle 5: ***Amélie***, film romantique
F Salle 6: ***Les Assassins***, film policier

2 Now you're finding out about TV programmes on *France 3*. Answer the questions **in English**. (5 marks)

a What is on at 6 p.m.?
_____

b What's the name of the soap that is on?
_____

c What kind of programme is *Afrique en danger*?
_____

d Who are France playing against in the friendly football match?
_____

e What sort of programme is showing at 10 p.m.?
_____

TÉLÉ

france 3

18.00	**Informations**
18.30	**Afrique en danger:** *documentaire*
19.30	**Rue Ste-Catherine:** *feuilleton*
20.15	**France–Angleterre:** *match amical de football*
22.00	**Prisonnier:** *téléfilm*

Clever clues

➤ From your vocabulary learning, try to remember groups of nouns, e.g. film types:

film d'amour means 'love film', **film d'aventures** means ...? **film d'horreur/épouvante** (1B) means ...?

➤ If you forget certain words, try to think logically:

informations (text 2) on TV, at 6 p.m., might well be ...?

a film called **Tom et Jojo** (1D): ... **dessin** in school is art or ...? **animé** sounds a bit like 'animated', so it could be a ...?

match amical (text 2): could be connected to **ami**, so it could mean ...?

➤ Check the ***Vital Vocabulary*** (worksheet 62) for more key vocabulary.

52 © Mary Glasgow Magazines 2003   Name/Group:

Upgrade: French Reading

Leisure and entertainment
◆ Foundation (2)

What?! I thought loisirs meant taking it easy, not all this active stuff!

Clever clues

- Beware of the instruction in French: key word = **aiment** meaning …?
- Look in the texts for words you might link with **aimer**, such as **préfère** (Alima), **adore** (Blanche).
- Using your English, what do you think **passion** (Simon) and **fana(tique)** (Max) mean?
- Remember to try and spot the key word in each text:

  Alima's must be **hockey**,

  Blanche's is …?

  But beware of Simon! There are <u>two</u> key words – but one is in the negative, so …?

▼ Lisez ces extraits et regardez les images.
Qu'est-ce qu'ils aiment faire?
Écrivez la bonne lettre dans la case. (5 marks)

Alima	Je n'aime pas rester à la maison. Je préfère les sports d'équipe, surtout le hockey.	
Blanche	Comme loisirs, je préfère sortir avec les copains. Normalement, on va à la patinoire – j'adore ça!	
Max	*Je suis plutôt fana d'informatique. Je joue à l'ordinateur tout le temps.*	
Simon	Je n'aime pas du tout regarder la télé le soir – c'est ennuyeux, ça! Je préfère mes livres – la lecture, c'est ma passion!	
Laurent	*Comme j'adore les chevaux, mon passe-temps préféré, c'est l'équitation.*	

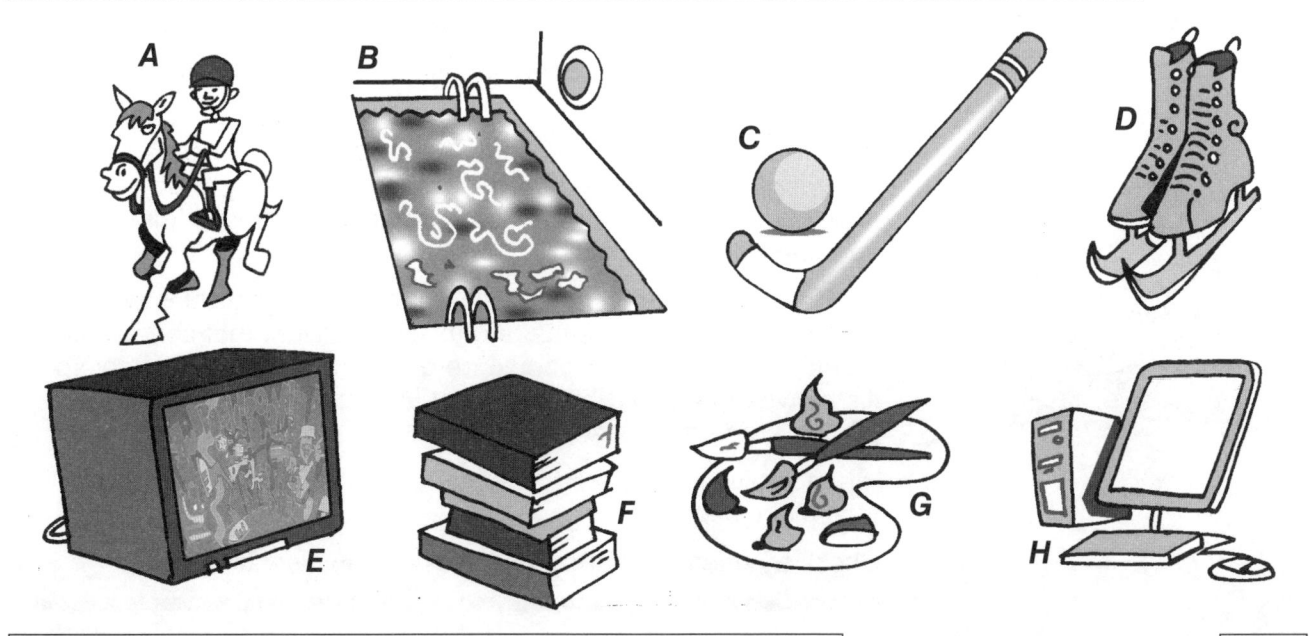

A B C D

E F G H

Name/Group:

© Mary Glasgow Magazines 2003

Upgrade: French Reading

Leisure and entertainment
◆◆ **Foundation/Higher**

▼ Lisez cet article.

Jeanne d'Arc, le film

Le film de Luc Besson est le dernier en date d'une vingtaine de films sur cette héroïne française du Moyen Âge. L'actrice Milla Jovovich, l'ancienne femme du réalisateur* Luc Besson et l'héroïne du **Cinquième Élément**, un autre film de Besson, joue le rôle de celle qu'on appelle la Pucelle** d'Orléans.

Parmi les autres interprètes du film, il y a l'actrice Faye Dunaway et les acteurs John Malkovich et Dustin Hoffman. Sorti en novembre, il a connu un grand succès en France et à l'étranger.

▼ Complétez les phrases: écrivez dans la case la lettre du mot qui correspond. (5 marks)

A toujours	
B environ	E apprécié
C réalisé	F films
D portait	G acteurs

1 Il y a eu ☐ vingt films sur Jeanne d'Arc.

2 Luc Besson a ☐ au moins deux films de Milla Jovovich.

3 Jeanne d'Arc ☐ aussi le nom de la Pucelle d'Orléans.

4 Dans ce film, Milla Jovovich est accompagnée par trois ☐ américains très célèbres.

5 Les Français ne sont pas les seuls qui ont ☐ le film de Besson.

* réalisateur – *film director*
** Pucelle – *maiden*

Don't end up like Joan – there's too much at stake!

👉 Handy hints

➤ Make full use of the visual and the title: a (famous) woman on horseback wearing armour + **Jeanne d'Arc** – must be about …?

➤ Use the asterisked (*) vocabulary support, too, to confirm your suspicions: a film about …?

➤ Make links between the text and the language in the questions: **une vingtaine** (text line 2) and **vingt**, so something to do with …? (What does **une centaine** mean?); **réalisateur** means 'director' so **réalisé** (C) must mean …?

➤ Look at the gapped sentences and make intelligent guesses about the kind of words that are missing: a word that comes after **a** and **ont** (qus 2 and 5): could be a noun or a past participle, so it's between **films**, **acteurs** (nouns) and **réalisé**, **apprécié** (past participles/perfect tense). Try them!

➤ When you've chosen, read the sentences to yourself and see if they make sense.

➤ Check by referring to the *Vital Vocabulary* (worksheet 62).

54 © Mary Glasgow Magazines 2003

Upgrade: French Reading

Leisure and entertainment
◆◆◆ Higher

▼ Lisez ce texte.

> Tu connais l'histoire de Jeanne d'Arc? C'est vraiment incroyable – une jeune fille qui voulait sauver la France! Elle est née le 6 janvier 1412 à Domrémy. À l'âge de douze ans, Jeanne, dont les parents pieux* croyaient fermement en Dieu, a commencé à entendre des voix du ciel qui lui disaient que c'était sa mission divine de libérer son pays de l'occupation anglaise.
>
> À la tête de l'armée du Dauphin Charles VII, Jeanne a délivré la ville d'Orléans le 8 mai 1429. Puis elle a aidé Charles à être couronné roi de France à Reims, le 17 juillet. Mais les Bourguignons, alliés des Anglais, l'ont capturée et l'ont vendue aux Anglais.
>
> Elle a été jugée, condamnée à mort et brûlée vive** le 30 mai 1430, à l'âge de 18 ans! Elle est devenue sainte en 1920.

Cry God for Harry, England and St George!

It's St Joan, you fool – not St George!

* pieux – *pious, religious*
** brûlée vive – *burnt alive*

▼ Remplissez les blancs. Choisissez parmi les mots dans la case. (8 marks)

sauver	avait	~~son~~
libéré	par	brûler
pour	en	devait
Dauphin	Dieu	

Exemple:
Jeanne d'Arc voulait sauver ____**son**____ pays.

Elle (**1**)_____ 12 ans quand elle a entendu des voix divines pour la première fois.

Ses parents croyaient fermement en (**2**)_____ .

Jeanne (**3**)_____ délivrer son pays de l'occupation de l'armée anglaise.

Elle a (**4**)_____ la ville d'Orléans (**5**)_____ 1429 et le (**6**)_____ Charles VII a été couronné roi de France.

Malheureusement, elle a été capturée (**7**)_____ les Bourguignons et vendue aux Anglais, qui l'ont fait (**8**)_____ vive en 1430.

Tips for texts

➤ Sometimes it's helpful to look first at the gapped summary to:
- get the gist of the text before you read it;
- start to form ideas about what's missing.

➤ Take a quick look at the possible answers, too: can you spot pairs or groups of likely contenders?
- nouns: **Dauphin** and **Dieu**;
- infinitives: **brûler** and **sauver**;
- prepositions: **en**, **par** and **pour**;
- (imperfect) tenses: **devait** and **avait**.

➤ Use grammar logic on the answers in turn:
- (1) … **12 ans**: something to do with …? so the verb is **avoir** and the tense is …?
- (3) **Jeanne … délivrer …**: **délivrer** is an infinitive, so it's probably a verb that is missing and, possibly, a modal verb, so …?
- (4) **Elle a …**: could well be a perfect tense, so it's probably a past participle, most of which end in …?

Name/Group:

Upgrade: French Reading

Test yourself (3)

◆ Foundation
◆◆ Foundation/Higher

Section A
Questions and answers in English

▼ Your French exchange partner shows you her diary and you open it on the following pages.

samedi 12 mai	dimanche 13 mai
concert au stade rendez-vous: centre commercial entre neuf heures et demie et dix heures	pique-nique en forêt rendez-vous: en face de la bibliothèque midi

1. What event will she be going to on Saturday and where?
   _____ (2 marks)

2. Where will she meet her friends?
   _____ (1 mark)

3. Between 9.30 and what time?
   _____ (1 mark)

4. What will she be doing on Sunday and where?
   _____ (2 marks)

5. Where is the meeting point?
   _____ (1 mark)

6. At what time?
   _____ (1 mark)

Section B
Questions et réponses en français

▼ Vous lisez cette lettre de votre correspondant.

> Je ne suis pas végétarien mais j'adore les légumes frais, surtout les petits pois, les haricots verts et les courgettes. J'aime moins les carottes et les pommes de terre et je déteste le chou-fleur.
>
> Mes fruits préférés sont les cerises et les fraises. Les abricots me rendent malade.
>
> À bientôt
>
> Antoine

▼ Antoine aime quels légumes et fruits? Écrivez dans les cases les lettres des légumes et fruits qu'il aime. (4 marks)

Example: C				

A les pommes de terre
B les courgettes
C les petits pois
D les haricots verts
E le chou-fleur
F les abricots
G les carottes
H les fraises
I les cerises

Upgrade: French Reading

Test yourself (3)
◆◆◆ **Higher**

1 Un coup de main à la maison

Nathalie	Normalement, c'est moi qui fais la cuisine le soir, mais samedi dernier, j'ai fait tout le ménage parce que ma mère était malade. C'était fatigant!
Dimitri	Je ne fais pas grand-chose à la maison. En fait, ma mère préfère faire le ménage toute seule parce que moi, je casse tout. Peut-être que j'aiderai mon père dans le jardin ce week-end.
Paul	Je fais mon lit tous les jours, bien sûr, et je fais souvent la vaisselle. Mais je ne touche jamais au linge ni au repassage. J'aime bien faire la cuisine aussi de temps en temps.
Alima	Mes parents font la plupart du ménage parce que je travaille souvent le soir. Mais je passe l'aspirateur assez souvent et je fais les lits. Samedi dernier, j'ai même fait le repassage!
Lydie	Je n'aime pas sortir la poubelle et je déteste travailler dans le jardin. À part ça, je suis contente de donner un coup de main à la maison. Ce week-end, par exemple, c'est moi qui vais mettre et débarrasser la table, faire la cuisine et faire la vaisselle. En fait, je vais tout faire!

▼ C'est qui? Écrivez le prénom. Vous pouvez utiliser un prénom plus d'une fois.

Exemple: Je fais la cuisine presque tous les soirs.

_____**Nathalie**_____

a Je ferai tout ce week-end.
_____ (1)

b D'habitude, je ne fais rien pour aider à la maison.
_____ (1)

c Je ne peux pas aider souvent à la maison le soir.
_____ (1)

d Je vais faire du jardinage samedi.
_____ (1)

e J'ai tout fait samedi!
_____ (1)

2 Lisez cet article.

Jeu vidéo antidouleur

Aller chez le dentiste peut être une expérience terrifiante pour certains. Mais bientôt, grâce à une invention de deux scientifiques américains, les professeurs Hoffman et Patterson, les visites chez le dentiste seront attendues avec impatience. Ces deux professeurs ont en effet inventé un procédé antidouleur. Un casque de vision, des écouteurs et un jeu virtuel suffisent pour oublier la douleur. Pendant que le dentiste arrache une dent ou que le docteur soigne une brûlure, le patient est plongé dans un univers virtuel. Il se bat férocement contre les bonshommes de neige de Snow World ou explore la cuisine magique de Kitchen World. Ce traitement 3D a beaucoup de succès parmi les malades, mais il coûte assez cher et pour le moment, il est réservé aux grands malades. Mais grâce aux progrès de la technique, il sera bientôt à la portée de toutes les bourses.

▼ Répondez **en français** aux questions.

Exemple: Comment réagissent certains gens quand ils vont chez le dentiste?

_____**Ils ont très peur.**_____

a Quel est le métier des inventeurs mentionnés dans cet article?
_____ (1)

b Qu'est-ce qu'il faut comme équipements pour cette invention?
_____
_____ (3)

c Grâce à leur procédé, qu'est-ce qui arrive à la douleur des patients?
_____ (1)

d Que devient le patient pendant une opération de ce genre?
_____ (2)

e Pourquoi ce procédé n'est-il pas encore très répandu?
_____ (1)

| Name/Group: | © Mary Glasgow Magazines 2003 | 57 |

Upgrade: French Reading

Personality and relationships
◆ Foundation (1)

▼ Read the pen portrait of this girl's family.

Mon grand-père est sérieux.
Ma grand-mère est généreuse.
Mon père est drôle.
Ma mère est sensible.
Ma sœur Alice est timide.
Ma sœur Louise est obstinée.
Mon frère Bruno est égoïste.
Mon frère Simon est fidèle.
… et moi?
Je suis honnête, raisonnable et modeste!

Aren't they wonderful?

1 Tick **one box** only for each person listed.

a The grandfather is   shy ☐   serious ☐   sensible ☐   (1 mark)

b The grandmother is   nice ☐   gorgeous ☐   generous ☐   (1 mark)

c The father is   funny ☐   hard-working ☐   mean ☐   (1 mark)

d The mother is   strict ☐   sensitive ☐   silly ☐   (1 mark)

2 Now answer these questions in English.

The girl says …

a her sister Alice is _____ (1 mark)

b her sister Louise is _____ (1 mark)

c her brother Bruno is _____ (1 mark)

d her brother Simon is _____ (1 mark)

e she herself is _____ (3 marks)

What about me!?

Clever clues

➤ Remember – you're reading about a family, so look for the key words (adjectives) only – use your English to help you: **sérieux** (text line 1) could easily mean …? and **généreuse** (line 2) sounds like …?
and **timide** (line 5) means …?

➤ Beware of **sensible** (line 4) in French! It's a false friend – it doesn't mean 'sensible', it means …?

➤ Don't forget to give all the details requested: if there are three marks for an answer you must give three details.

➤ Check the *Vital Vocabulary* (worksheet 63) for more similar vocabulary.

© Mary Glasgow Magazines 2003   Name/Group:

Upgrade: French Reading

Personality and relationships
◆ Foundation (2)

Families! Do you want my advice?!

Who's he kidding?

Clever clues

➤ First pick out the answers you can work out just using your knowledge of members of the family: so you can quickly do …?

➤ For the others you need to scan for positive and negative words, to match the drawings: **aime** (qu. 3), **adore** (qu. 5), **bien** (qu. 7) are all …? so the negative terms must be …?

➤ Use your English for words like **(je me) dispute** (qu. 2).

➤ Now check in the *Vital Vocabulary* (worksheet 62).

▼ Regardez les images.

▼ Écrivez dans la case la lettre de l'image qui correspond à chaque phrase. (7 marks)

Exemple: Je m'entends bien avec ma mère. **F**

1. Je m'entends mal avec mon grand-père.
2. Je me dispute avec ma sœur Élodie.
3. J'aime bien ma grand-mère.
4. Je n'aime pas tellement mon frère Max.
5. J'adore mon père.
6. Je m'entends bien avec ma sœur Natacha.
7. J'aime bien mon frère Thomas.

Name/Group:

© Mary Glasgow Magazines 2003   59

Upgrade: French Reading

Personality and relationships
◆◆ Foundation/Higher

▼ Lisez ces extraits d'une lettre.

Mes copains	
Énora	Elle s'entend mal avec les gens parce qu'elle refuse d'accepter les opinions des autres. Elle veut toujours avoir raison.
Isabelle	Elle fait tout pour elle-même et rien pour ses copains et ses copines. Par exemple, elle ne m'a jamais prêté quoi que ce soit – ni maquillage, ni livres, ni vêtements. Et quant à l'argent, n'en parlons pas!
Didier	C'est quelqu'un qui préfère la lecture à la télé. En plus, il adore ses études et il s'intéresse aux grands problèmes de société. C'est une tête!
Anna	Elle est vraiment super. Elle prête ses affaires à tous ses copains, par exemple ses livres, ses CD et même son argent. Elle est extraordinaire, comme fille.
Ronan	Tout le monde l'aime bien et le trouve charmant. Même les adultes disent qu'il est adorable. Il faut le faire!
Sakina	Elle peut être sympa, mais ce que je n'apprécie pas, c'est qu'elle n'a pas de petit ami, tandis que moi, je sors avec Benoît. Cela lui déplaît parce qu'elle aussi voudrait sortir avec lui. C'est inadmissible!
Martin	Franchement, il m'énerve! Il ne veut jamais prendre les choses au sérieux. Il fait l'idiot en classe, en ville, à la maison! Partout, quoi!

▼ Décrivez-les! Choisissez un adjectif pour chaque personne. Complétez les phrases. (6 marks)

A jalouse	E intelligent	I généreuse
B populaire	F timide	J sportif
C bête	G obstinée	
D égoïste	H honnête	

Mirror, mirror on the wall, who's the coolest of them all?

Me, of course!

Exemple: Énora est [G].

1 Isabelle est ☐. 4 Ronan est ☐.
2 Didier est ☐.   5 Sakina est ☐.
3 Anna est ☐.   6 Martin est ☐.

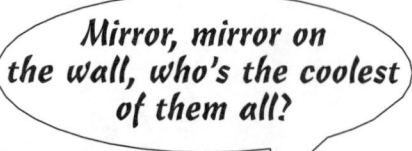

👉 Handy hints

➤ Use the title and the adjectives in the box to infer what it's all about: describing …?

➤ Look for positive and negative words:

- **mal** and **refuse** (Énora) suggest this is a … opinion?
- **super** and **extraordinaire** (Anna) are definitely …?

➤ Next, look in the adjectives box for matching positive and negative qualities.

➤ Beware grammar traps: use the names and personal pronouns (**il**, **elle**) to work out if you need a masculine or a feminine adjective.

© Mary Glasgow Magazines 2003

Upgrade: French Reading

Personality and relationships
♦♦♦ Higher

▼ Lisez ce texte.

... Noémie, 16 ans ...

Mes parents sont divorcés et je vis avec ma mère. Je vois mon père un week-end sur deux. Ce n'est pas facile à vivre. En plus, je ne m'entends pas très bien avec ma mère.

On ne se comprend pas du tout. Elle n'aime pas les gens que je fréquente. Elle me dit toujours qu'il faut lui parler de mes problèmes, mais quand j'en parle, elle s'énerve contre moi et on finit par se disputer. Je ne nie pas que parfois, c'est ma faute. C'est dommage parce que des fois, j'aimerais bien lui poser des questions et lui demander des conseils. C'est impossible parce qu'avec elle, on ne peut pas discuter.

Alors, j'ai commencé à parler à ma grand-mère que j'admire beaucoup et je me suis découvert une nouvelle copine! Très moderne, très cool, et toujours prête à me donner des conseils ... gratuits!

1 Écrivez **V** (vrai), **F** (faux) ou **?** (on ne sait pas) à côté de chaque phrase. (7 marks)

  a Noémie n'habite plus chez son père.
  b Elle va sûrement vivre avec lui.
  c Elle est très contente de ses relations avec sa mère.
  d Sa mère n'apprécie pas les copains de Noémie.
  e Elle aide Noémie à résoudre ses problèmes personnels.
  f Noémie ne s'énerve jamais contre sa mère.
  g Noémie accepte que c'est elle-même qui a parfois tort.

2 Complétez les phrases **en français**. (5 marks)

  a Elle n'arrive pas à _____ avec sa mère.
  b Elle _____ commencé donc à parler avec sa grand-mère.
  c Elle trouve que sa _____ est admirable.
  d Maintenant, elle la considère comme sa _____ .
  e Les conseils de sa grand-mère ne lui coûtent _____ .

Tips for texts

➤ Visual clues: photo + letter from a teenager – probably about ...?

➤ Scan for key words to get the gist: **parents divorcés**, **n'aime pas ...**, **problèmes**, **s'énerve** – sounds as if ...?

➤ Try grouping positives and negatives to help build up a picture of mother and grandmother.

➤ In the questions, try to spot words or expressions that match or mean the same:

• **vis** and **habite**, meaning ...?
• **n'apprécie pas** and **n'aime pas** ...?
• **faute** and **a ... tort** are both to do with being in the ...?
• **parler** and **discuter** mean ...?

I wonder if I can divorce them?

Upgrade: French Reading

Vital Vocabulary

Leisure and entertainment

◆ Foundation and ◆◆ Foundation/Higher (worksheets 52–54)

Nouns

Masculine		Feminine	
acteur	actor	actrice	actress
bal	dance you go to	chanson	song
balcon	circle (in cinema)	chanteuse	singer
chanteur	singer	émission	(TV) programme
cheval (chevaux)	horse(s)	équipe	team
cirque	circus	équitation	horse riding
dessin animé	cartoon	informations (pl)	news (bulletin)
documentaire	documentary	informatique	ICT
feuilleton	soap (opera)	lecture	reading
film d'épouvante	horror film	patinoire	ice rink
interprète	actor, performer	pièce de théâtre	play
loisirs	leisure activities	place	seat
ordinateur	computer	salle	auditorium
passe-temps	hobby, pastime	séance	performance, show(ing)
policier	crime thriller	série	series, serial
réalisateur	producer/director	vedette	star
sport d'équipe	team sport	version originale	in the original language (film)
succès	success	vingtaine	about twenty

You can practise your pronunciation, too, when you're memorizing vocabulary.

Useful verbs and expressions

il s'agit de	it's about (in books/films, etc.)
l'ancienne femme	the former wife
celle qu'on appelle	the one they call
à l'étranger	abroad
je suis fana de	I'm a great fan of
parmi	amongst
sorti en novembre	released in November
il a connu un grand succès	it enjoyed great success

Personality and relationships

◆ Foundation and ◆◆ Foundation/Higher (worksheets 58–60)

Nouns

Masculine		Feminine	
amour	love	copine	mate, friend
argent	money	dispute	argument
autres (pl)	others	grand-mère	grandmother
copain	mate, friend	mère	mother
(demi-)frère	(step)brother	permission	permission
gens (pl)	people	petite amie	girlfriend
grand-père	grandfather	(demi-)sœur	(step)sister
maquillage	make-up	tante	aunt
oncle	uncle	chanteuse	singer
petit ami	boyfriend	émission	(TV) programme
père	father	équipe	team
rapports (pl)	relationship		
sens de l'humour	sense of humour		
vêtements (pl)	clothes		

Adjectives

arrogant	big headed	logique	logical
bête	silly	obstiné	stubborn
drôle	funny	populaire	popular
égoïste	selfish	raisonnable	reasonable
fidèle	loyal	sensible	sensitive
généreux (-euse)	generous	sérieux (-euse)	serious
honnête	honest	timide	shy
jaloux (-ouse)	jealous		

Useful verbs and expressions

s'entendre bien/mal avec	to get on well/badly with
se disputer avec	to argue with
pas tellement	not much
prêter	to loan
quoi que ce soit	whatever
quant à l'argent	as for money
n'en parlons pas!	let's not even talk about it!
il faut le faire!	it's hard to manage that!
tandis que	whereas
déplaire	to displease
c'est inadmissible!	it's unacceptable!
prendre les choses au sérieux	to take things seriously

Group your vocabulary learning into families!

© Mary Glasgow Magazines 2003

Name/Group:

Upgrade: French Reading

Vital Vocabulary

Leisure and entertainment
◆◆◆ Higher (worksheet 55)

If it helps, try categorizing (some) vocabulary by endings and/or sounds.

Nouns

Masculine
Anglais	(the) English
ciel	sky, heaven
Dauphin	Dauphin, Regent (ruler) of France
Dieu	God
pays	country
roi	king

Feminine
armée	army
bataille	battle
histoire	story
reine	queen
voix	voice(s)

Adjectives
âgé de (douze) ans	(12) years old
allié	allied
couronné	crowned
dédié à	dedicated to
dévot	devout, believing
divin(e)	divine, holy
incroyable	incredible, unbelievable
vif/vive	lively, alive, vivacious

Useful verbs and expressions
dont les parents	whose parents
croire en	to believe in
fermement	firmly
à la tête de	at the head of
délivrer	to free, deliver
libérer	to liberate, free
couronner	to crown
être couronné (= passive infinitive)	to be crowned
capturer	to capture
juger	to judge
condamner	to condemn
brûler vif/vive	to burn alive
commencer à (+ infinitive)	to begin to
aider à (+ infinitive)	to help to
devenir saint(e)	to be canonized/made a saint

Personality and relationships
◆◆◆ Higher (worksheet 61)

Learn verbs by their infinitive if you use a dictionary, or in set expressions: e.g. either avoir tort or j'ai tort – decide which suits you best.

Useful verbs and expressions
vivre avec	to live with
ce n'est pas facile à vivre	it's not easy to live through
se comprendre	to get on, understand each other
fréquenter	to hang around with
s'énerver contre	to lose one's temper with
nier	to deny
c'est ma faute	it's my fault
c'est dommage	it's a pity
demander des conseils	to ask for advice
que j'admire	who I admire
je me suis découvert	I found (for) myself
prêt(e) à	ready to
perdre patience	to lose patience
avoir tort	to be wrong
coûter	to cost

Name/Group:

© Mary Glasgow Magazines 2003

Upgrade: French Reading

Environment, choices, responsibilities
◆ **Foundation (1)**

You may have heard this before ...!

Clever clues

➤ Pick up all the clues you can from the instructions: **Amis de la Terre**/Friends of the Earth, so the signs will be about …?

➤ Your English helps a lot: **respectons** (text line 1) is obviously …? and **environnement** (line 1) looks (and sounds) like …? **nucléaires** (line 2) must mean it's something …?

➤ What does **forêts** (line 6) look like, if you insert an 's' somewhere?

➤ Use logic: if we're to save on **électricité** and **gaz** (line 4) (they're easy to work out) what other service goes with them at home …?

➤ Use the questions to get round difficult words: **triez** (line 5) must be …? and **sauvons** (line 6) almost certainly means …?

➤ Check the *Vital Vocabulary* (worksheet 72) and find out for sure.

▼ You look at the website of **Les Amis de la Terre**, a French environmental group like *Friends of the Earth*. You see these signs and slogans:

Les Amis de la Terre

- Respectons l'environnement!
- Non aux déchets nucléaires!
- Centre de recyclage
- Économisez: eau, électricité, gaz
- Triez: le verre, les journaux, les cannettes
- Sauvons les forêts!

1 What must we respect?
___
(1 mark)

2 What sort of waste should we be saying 'no!' to?
___
(2 marks)

3 What sort of centre is here?
___
(1 mark)

4 What three things are we told to economize on?
___
___
___
(3 marks)

5 And what must we sort for recycling?
___
___
___
(3 marks)

6 Finally, what should we try to save?
___
(1 mark)

64 © Mary Glasgow Magazines 2003

Name/Group:

Upgrade: French Reading

Environment, choices, responsibilities
◆ **Foundation (2)**

You're kidding! I'm not cycling all the way back!

RECYCLEZ!

Clever clues

➤ Try to spot the context from the pictures: bottles, recycled paper, no plastic bags allowed, must be about …?

➤ Confirm, if you can, using your English to work out the verbs (ending in **-ez**) at the beginning:
recyclez (qu. 1) must be …?
refusez (qu. 5) could be …?
achetez (qu. 6) is …?

➤ Pick off the ones you know straight away:
bus (qu. 4), **à pied** (qu. 3), **sacs en plastique** (qu. 5).

➤ Finally, check in the *Vital Vocabulary* (worksheet 72).

▼ Regardez les images.

▼ Écrivez dans la case la lettre de l'image qui correspond à chaque phrase. (7 marks)

Exemple: Utilisez l'essence sans plomb. **G**

1 Recyclez les bouteilles.
2 Protégez les espèces rares.
3 Allez à pied.
4 Prenez le bus.
5 Refusez les sacs en plastique au supermarché.
6 Achetez du papier recyclé.
7 Utilisez des piles rechargeables.

Name/Group:

© Mary Glasgow Magazines 2003

Upgrade: French Reading

Environment, choices, responsibilities
◆◆ Foundation/Higher

▼ Lisez cette lettre.

Semaine verte

Salut! Je viens de faire un projet sur les problèmes écologiques au collège, où on a annoncé une semaine verte pour toutes les classes. J'ai appris beaucoup sur l'environnement. Par exemple, savais-tu que dans les grandes villes françaises, chaque année, les voitures dégagent huit mille tonnes de plomb et deux cent mille tonnes de gaz carbonique dans l'air? Huit Français sur dix veulent une journée sans voitures au moins trois fois par an dans toutes les villes de France.

La pollution de la mer est presque aussi grave. À ton avis, quelles sont les premières victimes d'une marée noire? Non, ce ne sont pas les poissons, en général, et les huîtres non plus – ce sont les oiseaux.

Je vais adhérer à une association écologique comme les Amis de la Terre.

Pas toi?

Natacha

👉 Handy hints

- Refer to the multiple-choice questions first to work out the context:
  recherches (qu. 1), **projet**, **environnement** (qu. 2), **problèmes** (qu. 3), **pollution** (qu. 5) – sounds like …?
- Next, read the text and scan for (near-)cognates – words the same as or similar to English: there are at least ten in the letter.
- Look for matches between the vocabulary and expressions used in the multiple-choice answers and the relevant sections of the text: **recherches** (qu. 1) sounds like …? so could match …? meaning 'project'.
- Remember to ignore sections that aren't used for questions:
  les voitures dégagent … dans l'air (lines 7–9) – only one question mentions cars and it doesn't even mention …?

▼ Choisissez les bons mots pour compléter chaque phrase. Cochez (✔) les bonnes cases. (5 marks)

1. Natacha a fait des recherches sur …
   - [ ] le collège.
   - [ ] les classes.
   - [ ] les problèmes.
   - [ ] l'environnement.

2. Au collège, on a décidé de faire le projet comme partie …
   - [ ] de la semaine verte.
   - [ ] de l'environnement.
   - [ ] des problèmes.
   - [ ] de la pollution.

3. Maintenant, Natacha …
   - [ ] comprend tout
   - [ ] en sait beaucoup
   - [ ] ne sait rien
   - [ ] n'aime pas les projets

   … sur les problèmes de l'environnement.

4. Beaucoup de Français …
   - [ ] refusent les
   - [ ] n'accepteraient pas les
   - [ ] détestent les
   - [ ] sont favorables aux

   … journées 'anti-voitures' trois fois par an.

5. À cause de la pollution de la mer, les oiseaux souffrent …
   - [ ] plus que les huîtres.
   - [ ] moins que les huîtres.
   - [ ] moins que les poissons.
   - [ ] autant que les huîtres et les poissons.

Come on, the fresh air will do us good!

66 © Mary Glasgow Magazines 2003

Upgrade: French Reading

Environment, choices, responsibilities

◆◆◆ Higher

▼ Lisez cet extrait d'une interview publiée dans un magazine français.

Les parents – *responsables ou irresponsables?*

Peut-être qu'on va m'accuser d'être impoli et ingrat envers mes parents et même mes copains. Tant pis: une fois qu'on a fait son choix, on doit être prêt à le justifier. Par exemple, à l'école, on nous dit toujours que l'alcool et le tabac sont, en fait, des drogues, et qu'elles sont très mauvaises pour la santé. En plus, fumer dans les lieux publics est inadmissible – considérons la santé des autres, au moins! D'accord, je veux bien. Mais ma mère fume tout le temps à la maison et au restaurant. Et mon père adore boire son vin et sa bière, mais il s'attaque aux drogués dont on parle tout le temps à la télé! En fait, ce n'est pas là peut-être un peu d'hypocrisie? Si j'ai bien compris, tout est permis si on se trouve un bon emploi. Touchez un bon salaire, trouvez-vous de bons amis, puis ne faites plus attention aux règles du jeu: droguez-vous comme vous voulez … mais n'oubliez pas de bien éduquer les enfants.

Alexis

a Pour compléter les phrases, choisissez parmi les expressions A–G.
Puis écrivez la bonne lettre dans la case. (7 marks)

1 Dans cet article, Alexis …
2 Il parle en général …
3 Au collège, …
4 Alexis est d'accord que …
5 Il n'aime pas le fait que …
6 D'après lui, si on est bien payé, …
7 La chose la plus importante, c'est …

A … l'alcool et le tabac sont mauvais.
B … on peut faire ce qu'on veut.
C … critique ses parents.
D … l'éducation des enfants.
E … des attitudes hypocrites des adultes.
F … ses parents sont hypocrites.
G … on parle souvent des dangers de la drogue.

b Après avoir lu l'interview, quelles impressions avez-vous d'Alexis?
Écrivez dans les cases les lettres des deux adjectifs qui décrivent bien Alexis. (2 marks)

Alexis est plutôt … ☐ et ☐.

A indifférent   B critique   C content   D fâché

No double standards here, please!

Tips for texts

➤ Use the title to give you as much insight as possible: **parents responsables/irresponsables** – sounds like a discussion about parents who …?

➤ Using your knowledge of grammar, try to work out what kind of word or words are likely to follow the last word of each half sentence in the questions:

- **Alexis va …** is likely to be followed by an infinitive ('is going to …');
- **Il parle …** means 'He's talking …' – could be something like 'about', so a preposition, such as **de** or **des**;
- **Au collège, …** means 'At school …', so there might be a noun or pronoun next, followed by a verb, etc.

Name/Group:

© Mary Glasgow Magazines 2003

Upgrade: French Reading

Education, careers and plans
◆ **Foundation (1)**

Let's look into the future ...

Clever clues

➤ Make full use of the scene setting: 'students who will soon have finished their exams', so it's likely to be about ...?

➤ Remember to pick off the English-looking/sounding answers first, especially when there's a grid with more answers than you need.

➤ Finally, go and check the *Vital Vocabulary* again (worksheet 72).

▼ While in France you look with your exchange partner at this list of options for French students who will soon have finished their exams.

Tu as quinze ans maintenant, alors ...
tu peux   chercher un emploi
faire un apprentissage
aller au lycée technique.

15 ?

Au lycée technique : un grand choix

l'industrie   l'hôtellerie

le tourisme

le commerce   la mécanique

les télécommunications

▼ Which of the following options for 15 year olds are mentioned?
Write the letters of the four correct statements in the grid.

(4 marks)

A Do an apprenticeship
B Study abroad
C Look for a job
D Go to university
E Study medicine
F Do business studies
G Study hotels and catering

Upgrade: French Reading

Education, careers and plans
◆ Foundation (2)

Clever clues

- No need for verbs, pronouns, etc. here: spot the context and go for the nouns.
- Using your English you can pick off at least four nouns straight away: **pilote** (qu. 7) and …?
- Remember how you've learnt vocabulary in sets/groups: work your way down your mental list.
- If you need to double check, use the *Vital Vocabulary* (worksheet 72).

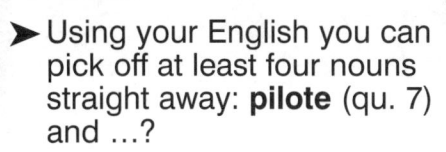

Whoever heard of a high flying dog?!

▼ Regardez les images.

▼ Écrivez dans la case la lettre de la profession qui correspond à chaque phrase. (8 marks)

Exemple: J'aimerais être mécanicien. [G]

1. Je serai peut-être vendeur.
2. Ou peut-être plombier.
3. Et toi? Tu veux être coiffeur?
4. Ton père est agriculteur?
5. Ma mère est ouvrière.
6. Boulanger? Quel métier!
7. Je n'aimerais pas être pilote.
8. Mon oncle est agent de police.

Name/Group:

© Mary Glasgow Magazines 2003   69

Upgrade: French Reading

Education, careers and plans
◆◆ **Foundation/Higher**

▼ Lisez ces lettres.

École ou travail ?

Je vais quitter le collège parce que je veux gagner ma vie tout de suite.
A Louna

Je ne sais pas ce que je ferai comme métier, mais je m'intéresse à l'informatique.
B Seydi

Peut-être que je ferai des études de médecine. Cela m'intéresserait beaucoup.
C Noémie

Pour l'instant, je n'ai aucune idée de ce que je vais faire.
D Marco

Je ferai peut-être un bac hôtellerie au lycée technique.
E Alima

Moi, j'ai décidé de faire un bac sciences, mais je ne sais pas si je vais devenir scientifique. On verra bien.
F Rosine

Je vais continuer mes études de langues. Plus tard, je trouverai un emploi quelque part en Europe – pas forcément en France.
G Adrien

▼ Écrivez la bonne lettre dans la case. (5 marks)

1 Qui ne s'est pas encore décidé du tout?
2 Qui va peut-être devenir médecin?
3 Qui finira peut-être par quitter son pays pour travailler à l'étranger?
4 Qui travaillera avec les ordinateurs?
5 Qui a choisi son bac, mais changera peut-être de direction après le bac?

☞ Handy hints

- No visual clues, so check the title and quickly scan the text to confirm your ideas: **école**, **travail** + **collège** (A), **emploi** (B), **bac** (C) – must be to do with …?

- With Foundation/Higher questions, remember that tenses count:
  - the two ways of expressing the future are …?
  - the perfect tense is recognizable by …?

- Look for matches between words and phrases in the texts and questions:
  - **informatique** (B) goes with the word for 'computers' which is …?
  - **bac-médicine** (C) looks as if it links with …?

Upgrade: French Reading

Education, careers and plans

◆ ◆ ◆ Higher

▼ Lisez cet extrait d'un article publié dans un magazine français.

• Une • année • à • l'étranger •
Travailler et étudier dans un cadre européen

Pour ceux qui ont résisté plus longtemps à l'appel du voyage, le choix est encore large. Les universités et les écoles de commerce, par exemple, encouragent très vivement leurs étudiants à séjourner six mois ou un an à l'étranger, souvent grâce aux échanges Socrates ou Erasmus, ou à des placements en hôtels et en restaurants. Les jeunes ont alors la possibilité d'étudier ou de travailler dans une langue différente. Cela se révèle souvent être un choc: la vie à New York est très chère, les cursus italiens ne ressemblent pas du tout aux français, et travailler dans une bodega à Madrid est parfois épuisant et ingrat*. Quoi qu'il en soit, c'est une approche directe de la vie professionnelle, et un premier pas vers l'indépendance. Pendant une année à l'étranger, toutes les aventures sont possibles – à condition de bien profiter de son expérience et de ne pas se perdre sur la route du retour!

ingrat – unrewarding

▼ Écrivez **V** (vrai), **F** (faux) ou **?** (on ne sait pas) à côté de chaque phrase. (8 marks)

1. Il y a un grand choix de séjours professionnels et linguistiques à l'étranger.
2. Les étudiants ne se sentent pas encouragés de travailler à l'étranger.
3. Un de ces séjours peut durer jusqu'à un an.
4. La plupart de ces séjours sont des échanges d'étudiants à l'université.
5. On a l'occasion d'approfondir ses connaissances d'une langue étrangère.
6. La vie aux États-Unis est plus chère qu'en France.
7. Le travail à l'étranger peut être fatigant.
8. En tout cas, on a toujours la possibilité de profiter de nouvelles expériences lors de ces séjours, si on fait bien attention.

Tips for texts

➤ The photo, title and questions all give you vital insights: **à l'étranger**, **cadre européen**, **New York**, **cursus italiens**, **Madrid** – clearly something to do with …?

➤ What might you infer about students spending time abroad? Work? Study? …?

➤ Try breaking down new or strange looking words, especially verbs:
- **séjourner** contains the noun **séjour**, meaning …?
- **approfondir** contains the adjective **profond**, which looks and sounds like the English 'profound' (meaning 'deep'), so the verb must mean …?
- **connaissances** looks like the verb **connaître** meaning …? so the noun **connaissance** probably means …?

➤ **Bon courage!**

ANYWHERE IN FRANCE PLEASE

Name/Group:

© Mary Glasgow Magazines 2003

Upgrade: French Reading

Vital Vocabulary

Environment, choices, responsibilities

◆ Foundation and ◆◆ Foundation/Higher (worksheets 64–66)

Nouns

Masculine		Feminine	
alcool	*alcohol*	annonce	*announcement*
camion	*lorry*	cannette	*can*
cancer	*cancer*	circulation	*traffic*
centre de recyclage	*recycling centre*	dispute	*argument*
déchets (pl)	*waste*	drogue	*drug(s)*
embouteillage	*traffic jam*	eau	*water*
environnement	*environment*	espèce	*species*
espace	*space*	essence	*petrol*
journaux (pl)	*newspapers*	forêt	*forest*
logement	*accommodation*	fumée	*smoke*
monde	*world*	habitude	*habit*
oiseau (pl oiseaux)	*bird*	heure d'affluence	*rush hour*
(sans) plomb	*lead (free)*	huître	*oyster*
poisson	*fish*	lutte	*struggle, fight*
projet	*project*	marée noire	*oil slick/spillage*
tabac	*tobacco*	offre d'emploi	*job offer*
transports en commun (pl)	*public transport*	pile rechargeable	*rechargeable battery*
verre	*glass*	semaine verte	*green week*
		tonne	*ton*
		victime	*victim*
		zone piétonne	*pedestrian precinct*

Recycle as much of your vocabulary as you can!

Useful verbs and expressions

faire un projet	to do a project
apprendre	to learn
dégager	to release, unleash
une journée sans voitures	a car-free day
presque aussi grave	almost as serious
adhérer à une association	to join an association
trier	to sort
protéger	to protect

Education, careers and plans

◆ Foundation and ◆◆ Foundation/Higher (worksheets 68–70)

Nouns

Masculine		Feminine	
agent de police	*policeman*	affaires de sport (pl)	*sports things*
agriculteur	*farm worker, farmer*	caissière	*cashier, checkout girl*
apprentissage	*apprenticeship*	coiffeuse	*(female) hairdresser*
bac(calauréat)	*A-level equivalent exams*	étude(s)	*study (studies)*
boulanger	*baker*	fac(ulté)	*uni(versity)*
coiffeur	*(male) hairdresser*	hôtellerie	*hotel and catering*
commerce	*business (studies)*	industrie	*industry*
emploi	*job, employment*	informatique	*ICT*
lycée technique	*technical school/college*	langue	*language*
mécanicien	*car mechanic*	mécanique	*mechanical engineering*
ouvrier	*factory worker*	ouvrière	*(female) factory worker*
pilote	*pilot*	responsabilité	*responsibility*
plombier	*plumber*	télécommunications (pl)	*telecommunications*
tourisme	*tourism*	université	*university*
vendeur	*(male) shop assistant*	vendeuse	*(female) shop assistant*

Use your favourite method to learn this vocabulary list.

Useful verbs and expressions

s'intéresser à	to be interested in
je n'ai aucune idée	I have no idea
devenir scientifique	to become a scientist
quelque part en Europe	somewhere or other in Europe
gagner ma vie	to earn my living

Upgrade: French Reading

Vital Vocabulary

Environment, choices, responsibilities
◆ ◆ ◆ Higher (worksheet 67)

Nouns

Masculine		Feminine	
bien-être	well being	hypocrisie	hypocrisy
chemin	way, path	règle	rule (of a game)
choix	choice	santé	health
emploi	job, employment		
jeu	game		
lieu public	public place		
mode de vie	lifestyle		
salaire	salary		

Useful verbs and expressions

risquer de (+ infinitive)	to run the risk of doing
impoli et ingrat envers	impolite and ungrateful towards
tant pis	tough; so much the worse
prêt à (+ infinitive)	ready to
faire remarquer à quelqu'un	to draw someone's attention to
ce qui est même pire	which is even worse
s'attaquer à	to attack
pourvu que	provided (that)
toucher un salaire	to earn/pick up a salary
éduquer	to educate

Have you chosen your favourite way to learn vocabulary yet?

Education, careers and plans
◆ ◆ ◆ Higher (worksheet 71)

You should know by now which method of learning suits you best!

Nouns

Masculine		Feminine	
appel	call	approche	approach
cadre	framework	aventure	adventure
choc	shock	bodega	Spanish wine bar
choix	choice	connaissances (pl)	knowledge
cursus	university course	école de commerce	business school
échange	exchange	indépendance	independence
genre	type, kind	langue étrangère	foreign language
pas	step, pace	route de retour	way back
placement	(work) placement		
voyage	journey		

Useful verbs and expressions

à l'étranger	abroad
résister à	to resist
très vivement	very actively
séjourner	to stay, spend time
se révéler	to show oneself/itself to be
ressembler à	to resemble, look like
parfois épuisant	sometimes exhausting
quoi qu'il en soit	whatever the case may be
un premier pas vers	a first step towards
à condition de (+ infinitive)	provided you/one …

Name/Group:

© Mary Glasgow Magazines 2003

73

Upgrade: French Reading

Test yourself (4)
◆ Foundation
◆◆ Foundation/Higher

Section A
Questions and answers in English

▼ You see the following job advertisement in a French newspaper.

> **Entreprises Transnationales de France**
> Nous cherchons ...
> – pour nos ateliers:
> - chauffeurs de poids lourds
> - ingénieurs
> - mécaniciens
> - ouvriers
> - plombiers
>   – pour nos bureaux:
> - employés de bureau
> - opérateurs sur ordinateur
> - secrétaires

▼ What jobs are available? (8 marks)

_____

_____

_____

_____

_____

_____

_____

_____

Section B
Questions et réponses en français

▼ Regardez les images.

▼ Écrivez dans la case la lettre de l'image qui correspond à chaque phrase. (7 marks)

Exemple: Utilisons les centres de recyclage! **D**

1. Sauvons les forêts!
2. Économisons l'énergie!
3. Refusons les déchets nucléaires!
4. Trions le verre!
5. Utilisons les transports en commun!
6. Protégeons les espèces rares!
7. Refusons les sacs en plastique!

74 © Mary Glasgow Magazines 2003 Name/Group:

Upgrade: French Reading

Test yourself (4)
♦♦♦ **Higher**

1 Lisez cette lettre.

Simon, 16 ans

J'ai deux frères de 10 et 12 ans et avec nos parents, les choses sont difficiles! On s'aime tous très fort, mais comme on est têtus*, les discussions tournent à la dispute! Certains jours, tout le monde crie, sort en claquant les portes et boude**. Des fois, on ne se parle pas pendant plusieurs jours. C'est l'horreur! En général, on est punis: interdiction de sortir, de regarder la télé ou d'aller aux matchs de foot avec papa …

Un jour, un feuilleton à la télé m'a donné une idée. Un des personnages était 'en guerre' avec ses parents. Il est arrivé à table avec un drapeau blanc pour essayer de 'négocier' la paix! Tout le monde a ri et la situation s'est arrangée. J'ai essayé la même chose avec mes parents pour voir si ça marchait dans la 'vraie' vie. Et ça a marché! On a tous bien ri, on a commencé à discuter et les choses se sont un peu améliorées … jusqu'au conflit*** suivant!

* stubborn,   ** sulks,   *** conflict, argument

▼ Complétez les phrases: écrivez dans la case la lettre du mot qui correspond. (8 marks)

A interdit	E crier	I sommes
B me	F regardant	J s'
C refusé	G monde	K décidé
D a	H permis	L est

Exemple: Je **B** dispute de temps en temps avec mes parents.

1 Mes parents, mes frères et moi ☐ obstinés.
2 Certains jours, on finit par ☐ et bouder.
3 Souvent, comme punition, on nous ☐ de sortir.
4 C'est en ☐ la télé un jour que j'ai eu une idée.
5 J'ai ☐ de négocier la paix avec un drapeau blanc.
6 Tout le ☐ a ri.
7 La situation ☐ est un peu améliorée.
8 Bien sûr, on ☐ continué à avoir des disputes de temps en temps.

2 Lisez cet article.

Scénarios contre la drogue

Différentes études réalisées au cours des deux dernières années ont révélé que la consommation de drogues par les jeunes Français était en augmentation. Ce problème inquiète et fait réagir.

C'est pour cette raison que l'an dernier, le gouvernement français a lancé divers projets pour lutter contre la drogue … ou plutôt les drogues, car toutes les drogues étaient visées: celles qui ne sont pas interdites par la loi (tabac et alcool) et celles qui le sont (cannabis, ecstasy, …).

Il y a eu une campagne d'information télévisée sur les différents types de drogues et sur les dangers qu'elles comportent. Cette campagne était constituée de quatre courts métrages* construits comme des publicités et accompagnés d'un livre d'information. De même, il y a eu un concours de scénarios** contre la drogue. Des scénarios écrits par des jeunes ont été adaptés et les vingt-quatre meilleurs ont été mis en scène. Ils ont été diffusés à la télévision et au cinéma.

* un court métrage – *a short film*
** un scénario – *screenplay*

▼ Écrivez **V** (vrai), **F** (faux) ou **?** (on ne sait pas) à côté de chaque phrase. (7 marks)

Exemple: Il y a eu au moins 100 études sur la drogue au cours des deux dernières années. **?**

1 On consomme de moins en moins de drogues en France. ☐
2 C'est un problème qui a provoqué une réaction de la part du gouvernement. ☐
3 Le gouvernememnt a lancé une vingtaine de projets là-dessus. ☐
4 Il s'agissait de toutes les drogues – celles qui sont légales et celles qui sont interdites. ☐
5 On a aussi lancé une compétition de scénarios contre la drogue. ☐
6 Il a fallu adapter les scénarios avant de les faire diffuser. ☐
7 Ceux qui ont été diffusés au cinéma ont eu le plus grand succès. ☐

Upgrade: French Reading

Solutions

8 Personal details and locality: Foundation (1)

1 a Énora, b Josette, c Énora, d Josette, e Jérôme, f Énora (6 marks)
2 Nom de la fille: Nathalie
   Âge de la fille: 15/quinze ans
   Couleur des cheveux: blonde/blonds
   Nom de sa ville: Bordeaux
   Âge min. des corres.: 15/quinze ans (5 marks)

9 Personal details and locality: Foundation (2)

1 C, 2 A, 3 F, 4 G, 5 H, 6 J, 7 D (7 marks)

10 Personal details and locality: Foundation/Higher

1 C, 2 F, 3 H, 4 B, 5 A, 6 J, 7 E, 8 D (8 marks)

11 Personal details and locality: Higher

1 a F, b V, c ?, d V, e F (5 marks)
2 a Robert. (1 mark)
   b Not much./Not very often. (1 mark)
   c He gets on better with him./They spend a lot more time together. (2 marks)
   d He's a bad sport. OR He cheats. (1 mark)

12 Interests and hobbies: Foundation (1)

1 horse riding
2 fishing
3 swimming pool, ice rink, tennis courts (5 marks)

13 Interests and hobbies: Foundation (2)

1 H, 2 C, 3 A, 4 F, 5 E (5 marks)

14 Interests and hobbies: Foundation/Higher

1 sortir, 2 ses, 3 se, 4 vont, 5 piscine, 6 nager, 7 mangent, 8 fait (8 marks)

15 Interests and hobbies: Higher

1 a F, b V, c ?, d V, e F (5 marks)
2 a la planche à voile, b surf, c gagner, d difficile, e fatiguée (5 marks)

18 Routine, school and future plans: Foundation (1)

1 Computer room, sports centre. (2 marks)
2 Library/Information centre. (1 mark)
3 An exam(ination). (1 mark)
4 a German. (1 mark)
   b Break/Recreation/Playtime. (1 mark)
   c History/geography. (1 mark)
5 Fish soup, roast pork, yoghurt or fruit. (3 marks)

19 Routine, school and future plans: Foundation (2)

1 D, 2 F, 3 E, 4 A, 5 C, 6 I (6 marks)

20 Routine, school and future plans: Foundation/Higher

1 C, 2 E, 3 B, 4 A, 5 H, 6 G, 7 I, 8 J (8 marks)

21 Routine, school and future plans: Higher

1 N, 2 P/N, 3 P/N, 4 P, 5 P, 6 P (6 marks)

22 Test yourself (1): Foundation and Foundation/Higher

A 1 Computer room, library (2 marks)
   2 There's an exam in progress (1 mark)
   3 His drama teacher (1 mark)
   4 P.E./sport (1 mark)
B 1 G, 2 A, 3 E, 4 D, 5 B (5 marks)

23 Test yourself (1): Higher

1 1 H, 2 F, 3 J, 4 G, 5 A, 6 E (6 marks)
2 a (Dans) l'ouest de la France. (1 mark)
   b (Parce qu')il y a les Pyrénées et les Alpes. (1 mark)
   c À Nantes. (1 mark)
   d L'équitation. (1 mark)

24 Out and about: Foundation (1)

1 Motorway. (1 mark)
2 Service station, left. (2 marks)
3 Bus station. (1 mark)
4 Railway station, on the right, after the roundabout. (3 marks)
5 Your ticket. (1 mark)

© Mary Glasgow Magazines 2003

Upgrade: French Reading

Solutions

25 Out and about: Foundation (2)
1 F, 2 H or B, 3 D, 4 G, 5 I, 6 C, 7 A
(7 marks)

26 Out and about: Foundation/Higher
(1 B), 2 D, 3 A, 4 G, 5 C, 6 E, 7 F (6 marks)

27 Out and about: Higher
1 ouest
2 plus
3 lendemain
4 deuxième
5 gens
6 longtemps
7 véhicules   (7 marks)

30 Tourism and accommodation: Foundation (1)
1 B   (1 mark)
2 C   (1 mark)
3 D   (1 mark)
4 a Opposite the restaurant.
   b On the first floor.
   c Games room.   (3 marks)

31 Tourism and accommodation: Foundation (2)
Bernard H
Chloé A
Damien F
Eliane B
Franck D   (5 marks)

32 Tourism and accommodation: Foundation/Higher
1 F, 2 H, 3 I, 4 C, 5 E, 6 J, 7 A, 8 G   (8 marks)

33 Tourism and accommodation: Higher
1 a contente, b prendra, c fatiguée, d va, e beau, f était   (6 marks)
2 a V, b ?, c V, d F, e ?, f F   (6 marks)

34 Holiday activities and services: Foundation (1)
1 a C, b E, c I, d G, e F   (5 marks)
2 a A, b G, c B or E, d H   (4 marks)

35 Holiday activities and services: Foundation (2)
1 a G, b J, c A, d E, e C, f D, g I   (7 marks)
2 a comprimés, b trois, c deux, d (le) matin (et) (le) soir   (5 marks)

36 Holiday activities and services: Foundation/Higher
1 C, 2 F, 3 D, 4 G, 5 B, 6 A   (6 marks)

37 Holiday activities and services: Higher
1 a founded by Greek sailors, b 2,600 years ago, c was called Massalia   (3 marks)
2 nearly / 900,000   (2 marks)
3 any **four** of the following: beautiful beaches, (lots of) sports facilities, festivals all year round, underground network, one of the biggest shopping centres in France   (4 marks)
4 (B), A, C, D   (3 marks)

40 Test yourself (2): Foundation and Foundation/Higher
1 a C, b F, c D, d H, e A, f G   (6 marks)
2 a C, b D, c A, d E   (4 marks)

41 Test yourself (2): Higher
1 (A), C, E, G, I   (4 marks)
2 a In extreme situations   (1 mark)
  b i temperatures
    ii humidity levels
    iii atmospheric pressure   (3 marks)
  c (Powerful) computers   (1 mark)
  d (Météo-France) an observation network   (1 mark)
  e i (terrestrial/on the ground) observation posts/stations,
    ii radar
    iii (specialist) ships
    iv (specialist) aircraft
    v weather balloons   (5 marks)

42 Home, health and fitness: Foundation (1)
1 apricots, pineapples, strawberries, raspberries   (4 marks)
2 a green beans, b potatoes   (2 marks)
3 a C, b D, c B   (3 marks)

© Mary Glasgow Magazines 2003   77

Upgrade: French Reading

Solutions

43 Home, health and fitness: Foundation (2)

1 D, 2 F, 3 H, 4 J, 5 G, 6 I, 7 B (7 marks)

44 Home, health and fitness: Foundation/Higher

1 a V, b F, c ?, d F, e V (5 marks)
2 a B, b F, c D, d E (4 marks)

45 Home, health and fitness: Higher

a B, b F, c C, d E, e A (5 marks)

46 Working and shopping: Foundation (1)

1 a B, b A, c F, d C (4 marks)
2 Gifts/presents (1 mark)
3 Kodak and Minolta cameras (2 marks)
  perfume (1 mark)
  plastic and leather wallets (3 marks)
4 a Super-U
  b Dieppe
  c Asperges
  d 1,50 € (4 marks)

47 Working and shopping: Foundation (2)

1 1 G, 2 B, 3 D, 4 H, 5 C, 6 F, 7 J (7 marks)
2 a pocket money and work money
    (2 marks)
  b a casual/light/leather jacket (1 mark)
  c boots (1 mark)
  d yellow (1 mark)

48 Working and shopping: Foundation/Higher

1 C, 2 E, 3 A, 4 D (4 marks)

49 Working and shopping: Higher

a (Dans) un magasin de photographie (au centre-ville).
b (Elle était) vendeuse./Elle vendait des appareils photos.
c Développer les films.
d Elle était la plus jeune.
e Une (semaine).
f Elle a travaillé dans le bureau.
g Puants./Elle trouvait que ça puait.
h (Parce qu')elle était trop jeune. (8 marks)

52 Leisure and entertainment: Foundation (1)

1 a B, b D, c F, d C (4 marks)
2 a News
  b Rue Ste-Catherine
  c Documentary
  d England
  e TV film (5 marks)

53 Leisure and entertainment: Foundation (2)

Alima   C
Blanche D
Max   H
Simon   F
Laurent A (5 marks)

54 Leisure and entertainment: Foundation/Higher

1 B, 2 C, 3 D, 4 G, 5 E (5 marks)

55 Leisure and entertainment: Higher

1 avait
2 Dieu
3 devait
4 libéré
5 en
6 Dauphin
7 par
8 brûler (8 marks)

56 Test yourself (3): Foundation and Foundation/Higher

A 1 Concert in the sports stadium (2 marks)
  2 Shopping centre (1 mark)
  3 10 o'clock (1 mark)
  4 picnick(ing), in the forest (2 marks)
  5 Opposite the library (1 mark)
  6 Midday (1 mark)
B D, B, H, I (4 marks)

57 Test yourself (3): Higher

1 a Lydie
  b Dimitri
  c Alima
  d Dimitri
  e Nathalie (5 marks)

78 © Mary Glasgow Magazines 2003

Upgrade: French Reading

Solutions

2 a (Des) scientifiques. (1 mark)
  b Un casque de vision, des écouteurs et un jeu virtuel. (3 marks)
  c Elle disparaît/est oubliée. (1 mark)
  d Il est plongé dans un monde virtuel. (2 marks)
  e Il coûte assez cher. (1 mark)

58 Personality and relationships: Foundation (1)

1 **a** serious, **b** generous, **c** funny, **d** sensitive (4 marks)

2 **a** shy, **b** stubborn, **c** selfish, **d** loyal, **e** honest, reasonable, modest (7 marks)

59 Personality and relationships: Foundation (2)

1 A, 2 G, 3 J, 4 E, 5 D, 6 I, 7 C (7 marks)

60 Personality and relationships: Foundation/Higher

1 D, 2 E, 3 I, 4 B, 5 A, 6 C (6 marks)

61 Personality and relationships: Higher

1 **a** V, **b** ?, **c** F, **d** V, **e** F, **f** F, **g** V (7 marks)
2 **a** discuter/parler, **b** a, **c** grand-mère, **d** copine, **e** rien (5 marks)

64 Environment, choices, responsibilities: Foundation (1)

1 the environment (1 mark)
2 nuclear waste (2 marks)
3 recycling (1 mark)
4 water, electricity, gas (3 marks)
5 glass, newspapers, cans (3 marks)
6 the forests (1 mark)

65 Environment, choices, responsibilities: Foundation (2)

1 B, 2 D, 3 F, 4 A, 5 H, 6 E, 7 C (7 marks)

66 Environment, choices, responsibilities: Foundation/Higher

1 l'environnement
2 de la semaine verte
3 en sait beaucoup
4 sont favorables aux
5 plus que les huîtres (5 marks)

67 Environment, choices, responsibilities: Higher

a 1 C, 2 E, 3 G, 4 A, 5 F, 6 B, 7 D (7 marks)
b B, D (2 marks)

68 Education, careers and plans: Foundation (1)

A, C, F, G (4 marks)

69 Education, careers and plans: Foundation (2)

1 H, 2 I, 3 C, 4 E, 5 D, 6 A, 7 B, 8 F (8 marks)

70 Education, careers and plans: Foundation/Higher

1 D, 2 C, 3 G, 4 B, 5 F (5 marks)

71 Education, careers and plans: Higher

1 V, 2 F, 3 V, 4 ?, 5 V, 6 V, 7 V, 8 V (8 marks)

74 Test yourself (4): Foundation and Foundation/Higher

A HGV/lorry/truck drivers
   engineers
   mechanics
   factory workers
   plumbers
   office workers
   computer operatives
   secretaries (8 marks)
B 1 F, 2 G, 3 C, 4 E, 5 H, 6 B, 7 A (7 marks)

75 Test yourself (4): Foundation and Higher

1 1 I, 2 E, 3 A, 4 F, 5 K, 6 G, 7 J, 8 D (8 marks)
2 1 F, 2 V, 3 ?, 4 V, 5 V, 6 V, 7 ? (7 marks)

© Mary Glasgow Magazines 2003